Orestíada

1.ª edición, 2025

©   Karina Garantivá
©   De la creación escénica, Ernesto Caballero
©   Del ensayo introductorio, Antonio López Fonseca
©   Guillermo Escolar Editor S.L.
    Avda. Ntra. Sra. de Fátima 38, 5ºB
    28047 Madrid
    info@guillermoescolareditor.com
    www.guillermoescolareditor.com

Diseño de cubierta: Javier Suárez
Maquetación: Equipo de Guillermo Escolar Editor

ISBN: 978-84-19782-97-7
Depósito legal: M-4924-2025

Impreso en España / Printed in Spain

Orestíada

Por Karina Garantivá,
a partir de la trilogía original de Esquilo

Creación escénica de Ernesto Caballero
para TEATRO URGENTE

Ensayo introductorio
de Antonio López Fonseca

Guillermo
Escolar
EDITOR
Empátheia

EMPÁTHEIA

**Colección de teatro dirigida por
Antonio López Fonseca**

Solo palabras tienes, y con ellas
has de decir el mundo.

Eloy Sánchez Rosillo

No se trata en el teatro de hacer saber, de dar a conocer nada,
de fijar simplemente en la memoria hechos que merecen ser
indelebles; se trata ante todo de revivir, de hacer resucitar algo
que ya pasó, mas que de algún modo ha de seguir pasando,
y no solo para que se sepa y no se olvide, sino para que sea
vivido. [...] Los personajes en la escena dicen a veces cosas,
para ello están los monólogos, que en la vida no representada
no se dirían: íntimas razones y sinrazones, verdades; esas ver-
dades de la vida que nunca llega la hora de decir.

María Zambrano

ANTONIO LÓPEZ FONSECA

ORESTÍADA: HACIA UN NUEVO CONCEPTO DE JUSTICIA.
EL ACUERDO CÍVICO COMO NECESIDAD

¿Por qué una tragedia griega en 2025?
¿La «tragicidad» y lo trágico hoy?

> Lucha y enfrentamiento entre los hombres y dentro de un hombre, así como pensamiento sobre esa lucha y su interpretación, son la esencia del teatro. Se toma un trozo de vida, circunscrito en determinados límites y coordenadas, se introducen los tipos humanos que viven esa vida para que se enfrenten, amen, destruyan o mueran. Y el público trata de pensar y entender.

Eso es el teatro, en palabras de Francisco Rodríguez Adrados. Lo cierto es que muchos autores se han visto tentados por la fuerza dramática de algunos personajes, por la profundidad de algunas obras de la tradición literaria grecorromana. Y ello porque un tema concluso permite reinterpretarlo desde un punto de vista personal, hecho por el que los autores de todas las épocas y culturas convocan a la escena a los grandes héroes y heroínas del teatro clásico, por cuanto pueden traspasar ese espesor de los siglos para hacer reflexionar al espectador actual sobre problemas intemporales. La dramatización de un hecho social por mediación de personas aparentemente modernas, pero en esencia atemporales, se ha revelado como arrolladoramente eficaz. La ciudad como enclave decisivo para el error y el sufrimiento trágicos es una de las perdurables aportaciones de los dramaturgos antiguos. Los tabúes antiguos casan con las frustraciones modernas; son la tremenda grandeza de las tramas antiguas, el desasosiego que inevitablemente produce el semejante, los dilemas obsesivos y las monstruosas soluciones lo que ha marcado la pauta y lo que nos sigue arrojando a la tragedia.

Resulta ya tópico repetir que la huella del teatro clásico, y de la tragedia griega en concreto, en el teatro contemporáneo es relevante. Los dramaturgos y los directores de escena siguen mirando con insistencia hacia atrás para encontrar la forma de hablar de los grandes problemas de hoy y de siempre. Y miran hacia el teatro clásico porque, quizás, no se pueda mirar hacia otro sitio. No en vano, el teatro siempre sirve para expresar el mal del siglo, de todos los siglos, el mal del hombre, pero también su valor, esto es, el teatro sirve para los grandes temas de la existencia humana, de la vida. Y más en concreto puede afirmarse que el legado que el teatro clásico ha dejado en nuestra época puede resultar difícil de discernir del propio concepto de teatro, es decir, que más que hablar de un retorno intencionado *ad fontes* podríamos decir que se trata de una tradición muy arraigada. Teniendo en cuenta que las obras no surgen *ex nihilo*, sino que se insertan en una serie, en una tradición, y teniendo en cuenta que el teatro grecolatino está en la base del Teatro, es normal que encontremos «ecos», sonidos que se perciben bien débil y confusamente bien con insolente claridad, reflejados sobre el cuerpo duro del espesor de los siglos. Como acertadamente señaló Luis Díez del Corral, «el tiempo está en ellas como suspendido, pero no anulado, convertido en un ahora puntual y abstracto; es, antes bien, el suyo un condensado ahora». No es el héroe trágico un malvado ni tampoco un dechado de virtud, sino un hombre de relevantes cualidades y, si se quiere, grandes defectos, que por una falta suya se precipita en una desgracia inmerecida. Y por ese ser desmerecedor de su sino despierta nuestra compasión, nuestra *compassio* etimológica, una comunidad de sentimiento, y por la posibilidad de identificarnos con él y comprender su problema nos causa temor. En nuestros escenarios se siguen representando las grandes tramas trágicas porque, simplemente, siguen teniendo algo que decirnos.

El gran tema que está presente en el teatro de todos los tiempos, evidentemente también en el griego, no es otro que la fragilidad y vulnerabilidad del devenir humano. El teatro, a través de la evolución de los personajes en escena, y más allá de que el espectáculo teatral construya una experiencia poética para el espectador, no hace otra cosa que contar una historia, una «buena historia», que es, posiblemente, la mejor manera de hablar de cualquier cosa. «Todas las historias están contadas desde los griegos», suele decirse, pero el reto es ver cómo esa «vieja historia» se actualiza y revaloriza, cómo dialoga con nuestra actualidad. Lo más llamativo es que, siendo una cultura tan lejana, nos resulta tremenda, inquietantemente familiar, y ejerce sobre nosotros una atracción difícil de explicar. Así, por ejemplo, cuando Sófocles nos presenta a Antígona, consigue hacernos penetrar en un profundo dilema de naturaleza filosófica a propósito de la lealtad: a la tradición o al Estado, a la familia o la ciudad. Y lo que el teatro permite es no presentarnos el dilema sin ambages, crudo, sino a través de una experiencia y un personaje concretos, esto es, el dilema se arraiga, se asienta y toma cuerpo y volumen para que el espectador pueda «verlo» y «sentirlo». Es ahí donde toma protagonismo la labor del adaptador, del trabajo de dramaturgia, porque el hombre de teatro puede hacer una lectura del texto diferente a la del especialista, del filólogo, del traductor; hace una re-lectura.

Cuando se «adapta» un clásico hay que ser fiel, ¡no más faltaría!, al sentido del texto original, pero también al espectador contemporáneo, es decir, el texto es leído desde experiencias ajenas al autor de suerte que el tiempo puede volver relevantes elementos que quizás no fueran tan significativos en su momento, y al contrario. Lluís Pasqual, a partir de textos de Esquilo, Sófocles, Eurípides y Jean Genet, creó un *Edipo XXI* para el Festival de Otoño 2002 de la Comunidad de Madrid e hizo, en la presentación de su obra en el festival, la siguiente reflexión:

> ¿Cuántas veces y por cuántos motivos la humanidad ha emprendido guerras públicas o privadas? (...) ¿Cuántas veces también hemos repetido las acciones que los poetas griegos nos dejaron esculpidas en palabras como una admonición, para que nos sirvieran de enseñanza usando su propia voz o las de otros poetas posteriores? Todo, según podemos observar, todo es absolutamente inútil. Y, sin embargo, qué nos queda, sino repetirnos esas palabras tan simples y misteriosas como una profecía, una vez más, en un texto, buscando colectivamente, como hicieron nuestros milenarios antepasados, ese destello fugaz de esperanza que algún día nos haga «comprender», comprender de verdad (un escalón del conocimiento al que aún no ha llegado, al parecer, la especie humana) y poder así, tal vez, evitar una parte de tanto dolor que parece proceder de una fatalidad que estuviera más allá de los hombres.

La guerra, siempre la guerra, ayer y hoy –y siempre–. No hay nada más intemporal que una guerra; una guerra es igual a otra; y la guerra hace añicos el espacio... y también el tiempo. Pero el teatro consigue que cualquier tiempo se haga presente: existe aquí y ahora ante nuestros ojos. No importa si son los rescoldos de la Guerra de Troya, de la Guerra Civil o de la Guerra de Ucrania. La guerra siempre deja perdedores. Es lógico que, ante la sorpresiva actualidad de los clásicos, nos hagamos preguntas: ¿Cómo es posible que los clásicos hayan hecho abstracción de todos los mundos posibles? ¿Cómo es posible que nos hablen hoy con tamaña contemporaneidad? ¿Cómo es posible que sea hoy tan valioso un modelo tan alejado en el tiempo y de los valores que rigen nuestra sociedad? ¿Está todo en los mitos? La pulsión humana que late en estos personajes los hace contemporáneos, más allá de la época en la que estemos, y su sentido esencial les hace proclives a determinadas relecturas y reinterpretaciones. Humanizarlos es desmitificarlos, pues de no ser así el mito nos remitiría a una narración antigua que sucedió en un mundo lejano y nos resultaría ajeno si no le permitiéramos transustanciarse y evolucionar, si no permitiéramos que germinaran los sentidos que atesora. Renovarlo no es una traición, es una necesidad –a partir de la mirada que cada dramaturgo y director de escena vuelca sobre cada mito–. Estos personajes son los auténticos supervivientes de la cultura y su éxito estriba en que son seres desnudos, despojados, dolientes a los que se les ha arrebatado todo lo que tenían de un modo radical; son dignos de compasión y emanan una inefable grandeza en su caída, algo que cualquier espectador de cualesquiera tiempos puede captar, más allá del código teatral; y por eso siguen vivos y nos hablan.

Democracia y teatro son consustanciales a la Atenas del siglo V a.C.: el teatro es una suerte de «laboratorio político» o «escuela de democracia». Pero es mucho más que propaganda política; es una rica manifestación cultural, religiosa y festiva en la que participan todos los ciudadanos. Y lo «trágico» no es un concepto relacionado solo con la tragedia. Lo trágico y lo doloroso frecuentemente se solapan, pero no todo lo doloroso es trágico. Pensemos en el *Edipo rey* de Sófocles. ¿El parricidio y el incesto son motivos suficientes para provocar «tragicidad»?

No. Para descubrir su tragicidad hay que tener en cuenta que su culpabilidad es inocente –desconoce a quién mata y con quién se casa–. Lo trágico es que no puede eludir el destino asignado por los dioses. Porque lo trágico presupone una autoridad sobrenatural, un sentido trascendental de la existencia. Pensemos también en la *Antígona* de Sófocles. ¿El hecho de no cumplir un mandato es trágico? No. Lo trágico es que vive un doloroso dilema y que no puede hacer el bien sin inexorablemente hacer el mal, es el encuentro catastrófico de dos legitimidades, esto es, su culpabilidad es ineludible. Así, la ineluctabilidad y la importancia del elemento divino, sobrenatural, son consustanciales a lo trágico. Eso es tragedia, y hoy, obviamente, no sentimos ese concepto trágico de la existencia.

No se debe olvidar que el mito ha precedido a la tragedia. Es un relato estructurado a través de una acción. La acción trágica implica un cambio en la situación de los personajes, la *metabolé*. Lo habitual es el paso de la prosperidad a la desgracia, lo que provoca *empátheia* en el espectador. Ese cambio no se debe a ningún vicio o acto perverso, sino que ocurre por *hamartía*, esto es, una opinión errónea que puede conducirnos a acciones equivocadas, un «error». Este cambio brusco se denomina *peripéteia*, a la que sigue la *anagnórisis*: el personaje cae en la cuenta de su «descuido». La tragedia busca la *kátharsis* por medio de la *empátheia*, la emoción que el ser humano experimenta ante la desgracia del personaje trágico, y el temor, el miedo a que esa desgracia, propia de la condición humana, pueda acaecernos a nosotros, porque en lo moral todos somos iguales. Así, sintiendo una afección similar, *homoiopátheia*, la tragedia puede curarnos del temor. Es algo tan simple como reconocer que los héroes también sufren, como los ciudadanos. Resulta, pues, obvio que los espectadores del siglo XXI no sentirán la tragicidad de estas obras, pero ello no será óbice para que se sientan interpelados, convocados al *agorá* que es la reunión del teatro y al pacto de fingimientos, como lo llama Juan Mayorga, que allí se establece entre la escena y la cávea: «–Voy a fingir que soy Orestes. –Yo voy a fingir que lo creo». Sin pacto, la magia del teatro no brota. Según dicen que dijo Borges: «La profesión del actor consiste en fingir que se es otro ante una audiencia que finge creerle». Sintamos, temamos, empaticemos, pues, con los personajes de la *Orestíada* y pensemos la Justicia hoy.

La escucha es la actitud hospitalaria por antonomasia. Escuchemos.

Esquilo y la Orestíada: la trilogía del «Caso Orestes»

Esquilo (525-456 a.C.) es considerado el creador de la tragedia. En su obra el hombre está totalmente sometido a los dioses y al destino, es inútil luchar contra él, hasta el punto de que el propio autor asegura: «Lo mejor para el hombre es adorar al Destino». Destaca en su obra la justicia divina y su infracción por parte de los hombres, la soberbia, la desmesura, la *hýbris*. Para él, la creencia en los dioses debe ser mantenida como el único medio para exculpar a los humanos de sus crímenes. Desde un punto de vista técnico, amplió el número de actores para otorgar más importancia al diálogo y a la acción dramática con la aparición del *deuteragonistés*, que sigue en importancia al *protagonistés*, e ideó el sistema de trilogías (*Orestíada*: *Agamenón, Coéforas, Euménides*). Sus obras desprenden una honda religiosidad: Zeus preside el orden del mundo y el orgullo del hombre le conduce al ofuscamiento, la insolencia y al castigo divino. Se han conservado siete obras suyas de las aproximadamente noventa que compuso, y entre ellas únicamente esta trilogía, la *Orestíada*, íntegra, que se completaba con el drama satírico *Proteo* y que narra el triste destino de los Atridas, descendientes de Atreo, rey de Micenas: el asesinato de Agamenón a manos de Clitemnestra y la muerte de Clitemnestra a manos de Orestes. Todo ello como culminación de una cadena de venganzas originada por el sacrificio de Ifigenia a manos de Agamenón, y antes aún el banquete de Tiestes, padre de Egisto. A lo largo de los versos de las tres obras, la muerte se presenta como una red que parece no tener escapatoria.

El «Caso Orestes» ha sido periódica y asiduamente revisitado por nuestros dramaturgos desde principios del siglo XX hasta la actualidad. Por ejemplo, en el teatro de posguerra fue el mito al que se recurrió para reflejar sentimientos como el rencor, el odio, el deseo de venganza, la intolerancia, la locura que sigue al sinsentido y la muerte siempre injustificada, la soberbia del vencedor y la desesperanza del vencido… reflejo de los dos bandos obligados a convivir tras la Guerra Civil, metáfora de miseria, rencor y venganza durante el franquismo. Orestes es el matricidio y la locura, el hombre que mata no porque sus relaciones sean malas, sino porque es el instrumento de una justicia nueva; es la encarnación de la idea de que no hay liberación sin venganza. Pero no todo ha sido negativo en las adaptaciones de este ciclo, pues también han aflorado sentimientos de arrepentimiento o, cuando menos, de profunda duda y de búsqueda de paz, de alegatos antibelicistas y propuestas de reconciliación como modo de superar el despropósito. El mito no ha dejado de hablarnos. En un muestreo, sin ánimo de exhaustividad, podemos listar, ordenados cronológicamente, más de cincuenta títulos directamente relacionados: *Electra* de Benito Pérez Galdós (1901), *Clitemnestra* de Ambrosi Carrión i Juan (1916), *Orestes I. Burla política en nueve cuadros, dispuestos en cuatro actos y un epílogo* de Pedro Sánchez de Neyra y Felipe Ximénez de Sandoval (1930), *Electra* de José María Pemán (1949), *La esfinge furiosa* de Juan Germán Schroeder (1951), *Los Atridas* de José Martín Recuerda (1954), *Orestíada* de Tomás Abad (1957), *El pan de todos* de Alfonso Sastre (1957), *Orestíada* de José María Pemán (1959), *La Orestíada* de Alfredo Marqueríe (1963), *Orestes* de Arcadio López Casanova (1963), *Agamenón* de Alfredo Marqueríe (1966), *Electra* del TEM (Teatro Estudio de Madrid) (1968), *Electra* del TEI (Teatro Experimental Independiente) (1969), *Sybila* de Ditirambo (1972), *Egisto* de Domingo Miras Molina (1974), *Orestes* de Juan Antonio Castro (1977), *No me fastidies, Electra* de Antonio Aguilera Vita (1982), *Vuelve Agamenón* de Aurelio Delgado (1984), *Las Coéforas* de Francisco Palencia Cortés (1984), *Electra* de Manuel de Lope (1984), *Orestíada* de Manuel Canseco Godoy (1985), *Electra y Agamenón* de Lorenzo Píriz Carbonell (1985), *Clitemnestra, tragedia en tres actos* de María José Ragué i Arias (1986), *Electra* de Mariano Anás (1986), *La Orestíada* de Álvaro del Amo (1990), *La urna de cristal* de Ramón Gil Novales (1990), *Martillo* de Rodrigo García (1991), *Electra Babel* de Lourdes Ortiz Sánchez (1992), *Elektra* de Carlos Iniesta (1996), *Los restos: Agamenón vuelve a casa* de Raúl Hernández Garrido (1996), *Electra* de Fermín Cabal Riera (1997), *Orestíada 39* de Antonio Martínez Ballesteros (2000 [1960]), *Si un día me olvidaras* de Raúl Hernández Garrido (2000), *Electra* de Itziar Pascual (2001), *La reina asesina* de Chema Cardeña (2001), *Electra* de José Luis Calvo (2001), *Electra* de Pedro Sáenz de Almeida (2001), *Orestes en Lisboa* de Francisco Suárez (2002), *Lucía* de Diana de Paco Serrano (2002), *Mujeres de los Atridas: Clitemnestra* de Charo Amador (2003), *Electra* de José Sanchis Sinisterra (2003), *Agamenón. Volví del supermercado y le di una paliza a mi hijo* de Rodrigo García (2003), *La madre de Orestes lee una carta de su hijo* de Ignacio Amestoy Eguiguren (2004), *Orestíada* de Carlos Trías Sagnier (2004), *Agamenón* de Rosa García Rodero (2006), *Electra* de María Paz López Martínez (2006), *Orestíada. Cenizas de Troya* de Diana de Paco Serrano (2006), *La Orestíada* de Paco Tejedo (2006), *El regreso de Agamenón* de Rodrigo García (2007), *Las sombras de Electra* de Vicente Castro Rodríguez (2008), *Almaelectra* de Borja Roces (2009), *La Orestíada* de Luis García Montero (2019), y la lista, posiblemente, habría de ser más larga.

La masa mítica del destino de los Atridas ha llegado hasta nosotros con un rico bagaje en el que se han engastado muchas vidas recreadas en las versiones de multitud de autores, pues no han dejado de hollar nuestros escenarios. Y cada una de las «visitas» lo es desde una óptica personal, sí, pero marcada por los siglos, porque los clásicos llegan precedidos de siglos de lecturas… Pueden adivinarse dos ejes que vertebran el original y todas las aproximaciones, a saber, la idea de que la violencia engendra violencia, por un lado, y el sentido de la justicia, por otro. El lector/espectador, como por otra parte los dramaturgos, directores y actores que afrontan el proceso creativo, debe sumergirse en una especie de territorio sagrado en el ámbito impreciso de los orígenes, porque la *Orestíada* habla, en realidad, de la muerte y la vida, de la libertad y los dogmas, de nuestras esperanzas y nuestros rencores, del concepto de justicia, razón por la cual nos arrastra hasta los límites de la animalidad humana.

¿Cómo enfrentarnos a su inconmensurable herencia? Podemos arrojar la mirada hacia distintos puntos. Tal vez nos interese Clitemnestra, una mujer marcada por los hechos, golpeada por una herida fuerte, un ser de carne y hueso mordido por la historia y condenado al rencor. Porque la venganza engendra venganza y nunca se ha fundado un poder justo sobre una injusticia. Ninguna forma de respeto puede salvar a Clitemnestra de sí misma. Esa es su tragedia. O quizás Orestes, que nos muestra el vigor de la duda y que abre otra dinámica: exterioriza una responsabilidad interiorizada. ¡Qué importante es tener dudas! Nos libera de la dictadura de tener siempre razón y nos desarrima de todo dogmatismo. Lo engrandece el valor de la duda que se apodera de él, duda que ha estado presente en crímenes anteriores, como en el sacrificio de Ifigenia a manos de Agamenón. Ese es el gran paso: la *Orestíada*, por decirlo de forma rápida y simplificada, permite un final «feliz» porque la dinámica de la venganza es sustituida por la justicia.

Recordemos, siquiera brevemente, qué aborda cada una de las tres tragedias y cuáles son los conceptos clave:

— *Agamenón*: el asesinato (dos asesinos con dos motivaciones). Zeus y la Justicia se presentan como motor ideológico y moral, es el dios paradigmático de las ideas de poder, sabiduría y justicia, capaz de convertir el dolor en fuente de aprendizaje y conocimiento. La tragedia se cimenta en una metáfora jurídica: los Atridas son los adversarios jurídicos de Príamo en el pleito por el rapto de Helena, que desencadena poéticamente la Guerra de Troya. El origen de todos los males nace de la venganza e impera la idea del sufrimiento como experiencia que conduce a la sabiduría. La entrada de Clitemnestra en escena muestra a una mujer resuelta. La llegada de Casandra junto con Agamenón sirve para anunciar la desgracia. Llega a una casa que ha sido testigo de numerosos crímenes familiares, matadero de hombres y solar bañado en sangre; ve el magnicidio que se cierne a manos de una leona que se acuesta con el lobo en ausencia de su noble león, que le dará muerte a ella y a Agamenón, como venganza y resarcimiento por el sacrificio de su hija Ifigenia, y al tiempo prevé la llegada del vengador de su padre, un retoño matricida: fugitivo, vagabundo, desterrado de su tierra regresará para coronar la ruina de los suyos. Y el concepto de justicia continuamente en boca de todos. También Egisto recordará el pasado para justificar el presente y el futuro inmediato bañado en sangre. Todos, absolutamente todos, piensan que obran «en justicia»; Clitemenestra, incluso, le dice a Egisto, su adúltero amante: «Hemos hecho lo que debíamos».

- *Coéforas*: **la venganza (otra más)**. Proceso de venganza de Orestes, que regresa pasados los años con su amigo Pílades y se reencuentra con su hermana Electra, con la que prepara el plan para acabar con Clitemnestra y Egisto. Orestes y Pílades se fingen extranjeros y le dicen a Clitemnestra que Orestes ha muerto. Primero asesina a Egisto, «herido a manos de la Justicia» —el concepto de justicia omnipresente—, luego a su madre, que yacerá junto con el que ama. Tras la venganza (¿justa?) el matricida será perseguido por las Erinias, que persiguen a los culpables de ciertos crímenes. Pone fin a la tragedia la voz del Coro, que califica lo sucedido como tercera tempestad violenta cumplida: primero fueron los desdichados sufrimientos devoradores de niños (Tiestes), en segundo lugar, los padecimientos regios de un hombre degollado en el baño (Agamenón), por último, el cometido por un tercer ¿salvador?, con quien cesará adormecida la cólera de Ate, esto es, de la ruina, la insensatez y el engaño, personificación de las acciones irreflexivas y sus consecuencias. La venganza engendra venganza. ¿Qué justicia detendrá la inacabable cadena?

– **Euménides: la justicia (más humana, aunque aún impartida por los dioses).** Nos encontramos en Delfos, a cuyo santuario ha acudido Orestes perseguido por las Erinias, donde invoca a Apolo: «Soberano Apolo, tú sabes no ser injusto». El concepto de justicia desde el primer momento. Se dirigirá a Atenea por mandato del dios, a quien pide que juzgue si lo hizo justamente o no. ¿Se puede matar con justicia? ¿Hay venganza justa? Atenea decide tras el empate en la votación: «Este hombre queda absuelto del delito de sangre». Aplaca a las Erinias, las cuales tendrán culto y serán a partir de entonces «benignas», Euménides. Atenea, la diosa de la sabiduría, actúa como jueza en el tribunal y los ciudadanos atenienses participan como jurado. Se detiene la violencia, se rompe la inacabable cadena y se inaugura una «nueva justicia».

Hay una serie de conceptos que vertebran la *Orestíada*, traspasan el conjunto, que se pueden sintetizar como sigue:

– El sentido de la justicia y la idea de que la violencia engendra violencia, esto es, la venganza engendra venganza y nunca se ha fundado un poder justo sobre una injusticia. Necesitamos justicia.
– La hospitalidad, valor clave de la cultura helénica, funda el lugar de los vínculos y, en consecuencia, se convierte en el espacio de la traición por antonomasia. Por eso el palacio es el lugar maldito. La importancia de la hospitalidad en la cultura griega queda de manifiesto en *Coéforas*, con la llegada de Orestes. ¿Qué ocurre cuando la hospitalidad acoge odio y deseo de venganza? ¿Cómo se armonizan conceptos contrarios en un mismo espacio?

- Sustitución de la dinámica de la venganza por la dinámica de la justicia (sí, pero una justicia que debe ir, poco a poco, liberándose de la divinidad). La venganza es una cadena en la que parece que no pueden dejar de añadirse eslabones, aunque Grecia, en realidad, siempre condena la violencia (se pueden interpretar los poemas homéricos como pacifistas —véase en la *Ilíada* el encuentro entre Príamo y Aquiles, por poner solo un ejemplo—).

- La justicia es el elemento estabilizador de los desequilibrios que amenazan al mundo de los hombres; y la injusticia y sus correlatos morales y físicos nos llevan a la culpa y al castigo. Esta es la gran lección.

- El Coro de ancianos es el pueblo, sí, pero más en concreto la sabiduría, la sensatez, la prudencia del pueblo. ¿Cómo librarnos del «inexorable destino»? ¿Qué tienen los humanos que decirles a los dioses y a los otros humanos?

- Ciertas imágenes que se repiten de tragedia en tragedia ayudan a crear un vínculo, pero también a desplegar el pálpito de que no podemos escapar. Ese es el sentido de la imagen de la red: ¿cómo escapar de ella —de la muerte—?

- La *kátharsis* colectiva, una gran celebración final. La justicia ha vencido. ¿Qué justicia? ¿Es este el final «feliz» de la trilogía?

Hacia un nuevo concepto de «justicia», ayer, hoy y siempre

En el montaje actual de obras clásicas se versionan o adaptan los textos antiguos con un tratamiento que puede variar desde la versión apegada al original hasta otra más alejada que lo recree, o bien se crea un texto nuevo a partir de un motivo, personaje o mito, es decir, se hace teatro «de» la Antigüedad o teatro «con» la Antigüedad. Pero, además, se puede hacer teatro combinando ambos enfoques, esto es, hacer teatro «desde» la Antigüedad, que es lo que implica esta *Orestíada*, estrenada en el Teatro de La Abadía de Madrid el 10 de abril de 2025. Además, es muy elocuente el marco en que se ha desarrollado, Teatro Urgente, proyecto de investigación, creación y exhibición teatral, de participación y escucha activa, creado por Karina Garantivá y Ernesto Caballero, que pretende ahondar en las posibilidades que abre la búsqueda colectiva de la creación teatral, esto es, el teatro como algo colectivo, algo que implica volver a los orígenes, al embrión de la teatralidad previo, incluso, al teatro propiamente dicho. Alessandro Baricco asegura que «las criaturas míticas son productos artificiales con los que los seres humanos se dicen a sí mismos algo urgente y vital. Son figuras en las que una comunidad de seres vivos organiza el material caótico de sus miedos, creencias, recuerdos o sueños». Algo urgente, dice, como este proyecto. Así, adentrarse en figuras como la de Orestes comporta un viaje en medio de voces desarticuladas en las que hay que reconstruir un canto, una locución, una melodía. Nunca como en la Antigüedad el teatro fue capaz de dar y mostrar aquello de lo que hay que hablar y sin embargo no se puede, ni se quiere, hablar. Los creadores de esta *Orestíada* han conseguido hacer brotar, tomando como ancla y trampolín los textos de Esquilo, una reflexión a propósito de la justicia absolutamente ácrona, intemporal.

La trilogía de Esquilo, escrita hace ¡dos milenios y medio!, plantea la necesidad de establecer un acuerdo cívico que acabe con los inacabables ciclos de revancha, desquite y venganza, por lo que propone un cambio radical en la concepción de la justicia. Esta tragedia –¿de final feliz?– presenta una insólita amalgama en la que las fuerzas, divinas y humanas, se unen para gestar una institución que imparta justicia desde la civilización, para así acabar con el «ojo por ojo» de unos personajes arrasados por un arraigado, porfiado y tenaz resentimiento. ¿No es actual esa tensión, tremendamente dramática, entre el deseo irracional de venganza y el deseo racional de justicia a través de resortes legales? ¿No asistimos hoy a una supuesta justicia mediática en la que la sedicente opinión pública, alimentada por las redes sociales, prejuzga absolutamente todo y condena a quienes aún no han sido juzgados? ¿No es ese, en cierto sentido, el caso de Orestes, perseguido por las Erinias y juzgado más allá de cualquier tribunal antes de ser juzgado por una nueva justicia? Es así que la obra explora cuestiones fundamentales relacionadas con la justicia y la transformación de la ley, asunto de una sorpresiva actualidad. ¿Qué es justo? ¿Lo que dice la justicia? ¿La justicia puede estar equivocada? ¿Puede la justicia no ser justa? ¿Hay algo por encima de la justicia si prescindimos de los dioses? ¿Puede haber venganza o guerra justa? ¿Nos lleva esto más allá de los límites de lo que es humano (o humanitario)? La tragedia es el ágora del encuentro en busca de preguntas que nos ayuden a entendernos hoy gracias a la conversación con el pasado clásico siempre vivo. Lo que hace esta versión es mirar a los ojos de Esquilo, interpelarlo, preguntarle, intimar con él.

Esta «nueva» *Orestíada*, en versión literaria de Karina Garantivá y con creación escénica de Ernesto Caballero, en una fusión que da sentido a la versión teatral, mantiene la fuerza de las imágenes y la grandeza, por más que el original haya sido despojado de ciertos elementos retóricos que hoy nos resultan ajenos y se hayan introducido personajes, algo que permite al lector/espectador centrarse en las tramas de cada uno de ellos, en primer plano y en sus relaciones especulares: Clitemnestra, Orestes y Egisto, por un lado, Ifigenia, Electra y Agamenón, por otro. Es el destino trágico que atraviesa estas seis vidas y que solo se verá interrumpido con la llegada de una nueva justicia que ponga fin a tanto dolor.

El texto parte conceptualmente de la última tragedia de la trilogía, *Euménides*, si bien recoge episodios de las otras dos, y explora temas fundamentales relacionados con la justicia, la venganza y la transformación de la ley primitiva en ley civil, el tránsito de una «venganza privada» a un «sistema legal colectivo» y, antes que nada, más estructurado y equitativo, que busca por encima de todo el bien común, en el que participa la ciudadanía como símbolo de una democracia emergente. La obra dialoga con el original de Esquilo con la inclusión de voces que hacen comentarios actuales a partir de la posibilidad de problematizar la justicia en nuestros días, y enfrenta en un auténtico *agón*, en una lucha «en» y «con» el lenguaje, a un Juez y una Periodista.

Desde el mismo comienzo, se nos sitúa en un no-tiempo que nos atrapa y no soltará nuestra alma. ¿Es un viaje, una aventura, un periplo entre el tiempo mítico y el tiempo actual? No exactamente; es habitar un condensado ahora, o, como dice José Manuel Losada, remite a un *illo tempore* que implica un curioso *nunc*, esto es, un *semper* que explica, en sentido mítico, la esencia última del ser humano; es despertar por el silencio, es vivir una soledad habitada. El monólogo del vigilante, en la noche 3652, nos arroja al tema fundamental: «salieron a buscar justicia». En ese impreciso tiempo en el que se desarrolla la acción hay referencias a la «antena de radio», a una «llamada» telefónica, al «vídeo», «juguetes», «televisión», «fusiles», «misiles», a expresiones como «friend», «¿has visto las noticias?», «banda de delincuentes», «coronas» mortuorias ... que parecen instalarnos en el presente, pero nada más lejos de la realidad. ¿Dónde y cuándo estamos? No es trascendente. Lo importante es el «qué», desde el primer instante: una llamada entre un soldado y una madre nos golpea con el horror y el sinsentido de la guerra, algo que debe terminar. El odio, el rencor y la venganza son protagonistas: «–Soldado: Esto es por mi hermano. Su cuerpo quedó partido en dos, lo metieron ayer en una bolsa y se lo llevaron a alguna parte, los troyanos acabaron con él. [...] hoy no quedará nadie. [...] Hemos vencido. [...] Yo mismo incendiaré esta casa cuando salga, los quemaré junto a sus cosas».

Pero será con el fin de la guerra, que nunca es el fin, cuando empiece la auténtica venganza: «Ha caído Troya. [...] Mañana volverá Agamenón», le dice Clitemnestra a Egisto. En un cambio súbito de localización hallamos a Orestes y Pílades en una fiesta. Orestes le dice a su «friend»: «Renunciemos a los crímenes de nuestros padres» y, al decirle Pílades que la guerra ha terminado, continúa: «¿Qué es lo que ha terminado? La guerra nunca termina». Sobre esta misma idea volverá más adelante Agamenón en una conversación con Clitemnestra, cuando le diga: «¿Qué es la guerra? Personas que jamás hubieran pensado en lastimar a nadie matan ante el temor a morir. Podrían haber sido los mejores amigos, pero están ahí para morir o dar muerte. ¿Qué hace que dos soldados se apuñalen el uno al otro, se estrangulen o se ataquen como perros locos? ¿Qué hace que combatan hasta la muerte? Obedecen a un mandato superior. Ifigenia...». La guerra, siempre la guerra, el sinsentido de la guerra, ayer, hoy y siempre, que deshumaniza al ser humano y le arrebata la razón. Solo rencor, miedo... En ese sentido, asistimos a la animalización, o deshumanización, de ciertos personajes. A los soldados se les ha comparado con «perros locos», y de Clitemnestra se dice que «gime como una loba», cuando yace con Egisto, pero, en cambio, ella dice de sí misma que esperó a su esposo Agamenón como fiel «perra para la casa»; pero será Casandra quien haga el más fiel retrato de la situación: «La leona se aparea con el lobo, qué festín. Mientras el león sale de caza, ella calienta el hogar. Cuando el león regresa, ella le prepara un final. Pero el león no regresa solo, trae consigo un ave cantora. Un ave exótica ha venido con él. Su canto desconocido anuncia el final, pero nadie lo entiende»; todo se resume en que Clitemnestra, en palabras de su hija Electra, es un «monstruo». Casandra es premonición, presentimiento, presagio: «tu casa es un matadero». Es lo que su corazón siente al llegar a palacio, algo que hará dudar a Clitemnestra, que reconoce temer esas palabras, intuye «que esté escrito». ¡La fuerza del Destino! Algo tan absolutamente trágico y ajeno a nosotros que resulta arrollador; la desgracia se cierne sobre los Atridas, y de nada valdrá la falsedad en el recibimiento de la esposa al esposo, porque el odio y la mentira no se pueden esconder, como dice Egisto: «Quien ha luchado, lejos de casa, enfrentado el peligro constante, nos mirará y sabrá de inmediato quién miente con zalamerías y quién se alegra de verdad».

En este punto en que abrazamos la mentira y la verdad, surge incontenible la imagen de la «red», que de forma casi imperceptible atrapa el texto, a los personajes y a nosotros con una fuerza simbólica calma, casi indolente, pero ineluctable. Es Clitemnestra quien dice que, para matar a su esposo, lo envolvió «como quien coge peces en la red», y Electra, mientras graba un vídeo, dice: «Hace tres días Clitemnestra mató a mi padre, Agamenón. […] En una red mentirosa, rodeándolo de homenajes, distrayéndolo con festejos mientras lo aislaba en su oscuro baño»; esa «red de pescador» fue su «mortaja». La red se constituye en un símbolo que nos arrastra por el proceloso mar de la violencia. Porque la red, más allá de ser, como define el DRAE, un «aparejo hecho con hilos, cuerdas o alambres trabados en forma de mallas, y convenientemente dispuesto para pescar, cazar, cercar, sujetar, etc.», también es «ardid o engaño de que alguien se vale para atraer a otra persona». Aparejo y ardid que nos empuja a asomarnos a los dos planos que tiene el mar: llano y profundo, un «horizonte geométricamente perfecto hecho de olas deformes. Un suelo carente de rigidez, variable y monótono, violento y apaciguador, incansable», como lo define Camila Cañeque. Porque la red tiene una perspectiva horizontal inmanente (fuera del agua) y otra vertical oscilante (en el agua), en la que atrapa. El lector/espectador está frente a la tragedia, inmerso en el caótico texto de su silencio y su desmemoria, mientras imagina un mar en el que visualiza su propia transitoriedad al albur de una red por cuyos cuadriláteros de hilos que se cruzan, entrelazan y anudan fluye el devenir imparable del tiempo. En la malla queda atrapada la víctima, pero su sangre escapa en busca de resarcimiento; profundidad y superficialidad que cargan de nostalgia el pasado y el presente, el tiempo vivido y el por vivir, en el que colisiona la tierra firme de la realidad con el oleaje impetuoso que arrastra a continuar la violencia.

El rencor, ese tenaz resentimiento, anida en el alma y se acrecienta hasta convertirse en deseo de venganza, un deseo que se alimenta de los sentimientos y que deviene insoportable al punto de que quien lo sufre necesita arrancárselo. ¿Cómo? Violencia, estrago, muerte. Todos tienen sus «razones», porque siempre hay un origen para el rencor, y el principio está siempre... muy lejos. Se verbaliza el origen del rencor de todos los personajes involucrados en la cadena de violencia. Clitem-

un bien común en el asesinato?), que nos pondrán frente a un espejo, no como los deformantes del esperpéntico Callejón del Gato, sino ante uno que refleja con fidelidad, precisión, puntualidad nuestro presente, sin deformarlo, sino, antes bien, devolviéndonos con mayor nitidez la imagen de lo que ocurre hoy (y siempre), un espejo que nos ayudará a escuchar la respuesta a la pregunta radical, a esa cuya respuesta, tal vez, no queremos oír: ¿qué es la justicia?

Juez y Periodista enfrentarán dos visiones diferentes, como para obligarnos a tomar partido: «–Periodista: Has hablado muchas veces de que la justicia nos hace humanos, nos hace perseguir la verdad y comprender la dignidad de cualquier rostro. Hablemos de la horrible masacre que perpetró Orestes. [...] ¿Cómo puede haber justicia para esa persona? –Juez: [...] es difícil juzgar cuando las emociones nos lo impiden. [...] las emociones son abrumadoras. Los hechos son devastadores. [...] Un asalto que la justicia debe juzgar. [...] Yo quiero entender a las personas, qué les pasa, por qué se comportan como se comportan, no estoy justificando. Lo que ha hecho Orestes es injustificable. [...] la justicia juzga hechos, no emociones [...] hablo de comprender las causas». Este es el busilis: «comprender». Y para comprender hay que correr el riesgo del encuentro con la verdad, sí, pero también con la realidad, con el porvenir, con la paz o la revancha. ¿Quién determina el fin de la violencia? Por ello dice el Juez: «¿Queremos la guerra o la reconciliación?». Pero no es tan fácil olvidar, obviar, eludir lo ocurrido, razón por la que la Periodista hace entrar a una mujer cuyos hijos fueron asesinados por un soldado de Agamenón, como su marido, abrazado a sus dos pequeños, en una estructura circular que nos lleva de nuevo al comienzo de la obra y a la conversación entre el soldado y su madre. Una vuelta atrás, circular, ¿cómo salir del eterno retorno del círculo, del infinito sin principio ni fin? ¿Cómo quebrar el círculo para poner fin a la violencia?: «¿Cuál es el mapa que conformará nuestro futuro?». El Juez debe abordar la tensión a la que la Periodista, cual implacable fiscal, le está sometiendo: «–Juez: A la justicia solo podemos pedirle poder continuar con la vida... ¿No es lo que deseamos después de todo? Que en las casas no se hable solo de muerte».

En este punto el condensado ahora nos sitúa de nuevo en el tiempo mítico con la presencia de Atenea, la Erinia, que pregunta «¿Qué puede forzar a un hijo a matar a su madre?», y Orestes, que pide justicia: «Pido que me escuches y decidas si merezco una vida, el tiempo ha destruido el odio, no soy más que un huérfano, el vengador de mi padre, una venganza que me ha convertido también en el verdugo de mi madre. Decide tú sobre mí, yo acataré tu sentencia, sea cual sea». Erinia le inquiere: «¿Quién te movió a hacerlo?» (preguntas, siempre preguntas –las preguntas implican duda–, porque todos queremos comprender), a lo que Orestes contesta: «Me fue imposible evitarlo». De nuevo el Destino, pero ahora Apolo intercede: «Yo inspiré este crimen para hacer justicia». Atenea deshará el empate en los votos del jurado y absolverá a Orestes. De nuevo el condensado ahora nos trae al presente para que la Periodista siga aguijoneando al Juez: «El crimen de Clitemnestra, según tu justicia, es legítimo. ¿Crees que es justo?». El Juez intenta que se comprenda: «Lo que no es justo es que la ciudad padezca una nueva guerra. [...] La justicia es un acuerdo para restablecer el orden». Se está fraguando una nueva justicia, colectiva, civil, que ha de ser capaz de ver más allá de lo que ven nuestros ojos. Las palabras de Orestes para cerrar el juicio son reflejo del deseo de esa nueva justicia que inaugurará un nuevo tiempo: «¿Qué tiempo es este? Si es el tiempo en el que Troya ha caído, es un tiempo de venganza; si es un tiempo en el que los desterrados regresamos a casa, es un tiempo de perdón. La pregunta surgirá siempre, ¿qué hacemos con este odio? ¿Cuál es su tiempo? ¿Dónde termina?».

La obra termina con las últimas reflexiones de la Periodista, que parece, al fin, comprender: «No quiero volver a la guerra [...] Yo también creo que es mejor que Orestes se vaya de rositas y vivir en paz, seguro que no hay nada mejor. [...] La justicia no es el triunfo de la razón. La justicia es un mito. Los mitos deben revisarse. [...] Un fuego que nunca se extingue, que se alimenta a sí mismo a través del tiempo, y cuya llama arde todavía hoy en nuestras guerras, en nuestras disputas, en los mitos que nos contamos para justificar lo que somos. [...] No pienses que yo no quiero la paz, solo espero que me entiendas». «–JUEZ: Te entiendo».

Oscuro.

¿Qué nos dice la tragedia griega hoy?

Cuando se habla de teatro hay que canalizar el interés artístico del arte dramático con el social e histórico. En momentos de crisis el carácter abierto de los mitos, su permanente y vivaz seducción, permite una utilización que los convierte en símbolo de valores alternativos al orden establecido. Es el teatro, precisamente, el que los hizo nacer y los hace revivir cada vez que los necesita al constituir paradigmas de todos los actos humanos realmente significativos. Con carácter general, nostalgia e ironía son los dos acentos inevitables de la mirada moderna sobre el mundo de los mitos clásicos. Lo que podemos ver hoy son transformaciones diegéticas completas, ya que los nombres, la situación, el momento histórico y social son radicalmente distintos y se individualiza el ámbito en el que tiene lugar el proceso. Y esa transformación es la que permite un acercamiento al público y una humanización de la acción, lo que posibilita que no sea necesario el conocimiento previo del mito para entender la acción en su totalidad. El mito trasciende su espacio original y se adapta a cualesquiera tiempos pues es un modo simbólico de significar, no «es», sino que «significa», y la función referencial, en última instancia, no es pertinente. Así, el rumor de clásicos puede forjar un teatro que se enfrenta a la problemática social actual.

Los clásicos siempre nos sorprenden, es fascinante ver cómo nos siguen hablando con insolente contundencia de aspectos oscuros de nuestro mundo actual; porque al margen de aspectos museológicos o filológicos, y de que el teatro es otra cosa, el asombro, el pasmo, el estupor lo producen porque están hablando de cuestiones que no hemos resuelto aún aquí y ahora, de una historia llena de opresores y oprimidos en la que queda claro que cualquier persona puede cambiar de bando en cualquier momento. Si queremos hablar de cualesquiera temas o sentimientos de la existencia humana, los hallaremos en la tragedia griega. Aquellos primeros modelos ya hicieron, casi, abstracción de todos los componentes de la peripecia humana, razón por la cual hoy nos ayudan a entendernos. Nos fascina el modo en que los mitos revelan su capacidad de recuperación, renovación y regeneración ante los nuevos tiempos y los retos modernos, ante sociedades absolutamente diversas y que se han diferenciado a lo largo de los siglos de aquellas otras que los crearon. En realidad, los clásicos son la memoria del mundo.

Amparados por la libertad que aporta saberse parte de una cadena de transmisión de la tradición literaria, los autores contemporáneos retoman los mitos para convertirlos en vehículo de sus propios pensamientos y sentimientos, de su hoy. Así, en cada nueva visita, cada nueva recreación, como esta de la *Orestíada*, adquieren nuevos matices, en cada reinterpretación se enriquecen nuevamente (porque los dramaturgos iluminan zonas de sombra y dan una nueva interpretación desde el presente), y siguen golpeándonos porque llegan al siglo XXI sin un vestigio de arcaísmo, portando su verdad y haciéndola nuestra. Reescribir los mitos no es una traición, es una auténtica necesidad. Las miradas retrospectivas permiten pasar el cepillo a contrapelo, como nos invitaba a hacer Walter Benjamin con la historia, permiten, en una suerte de inversión especular, ver la historia y el sufrimiento de los vencidos, de los avasallados y de su resistencia.

Aunque prescindamos hoy de los elementos que pueden no interesarnos o resultarnos ajenos, la grandeza de las tragedias quedará intacta, turbadora, sobrecogedora; su tono de autoridad y la intensa belleza del lenguaje se mantendrán. La *Orestíada* es una suerte de «ensayo», un lugar de dudas, cuestionamiento e interrogantes que nos llevan a la certeza de «ser y no ser». El trabajo que se emprende al poner en escena una obra de esta naturaleza no es un encierro ególatra, sino, antes bien, un camino de apertura hacia los demás en un movimiento que nos lleva al pasado, sí, pero sobre todo hacia dentro de nosotros mismos –somos seres narrativos que necesitamos sentido–. Es un relatarnos nosotros a nosotros mismos, testimonio supremo de fragilidad y vulnerabilidad... testimonio de verdad.

Y hay algo más que no debemos olvidar y que remarca la valentía de quienes corren el riesgo del encuentro para ofrecernos una experiencia teatral desde la Antigüedad. Dramaturgos, directores, técnicos, actores hacen el viaje por antonomasia en busca de la verdad para ayudarnos a entendernos hoy. Los textos poéticos (la tragedia es poesía) desactivan las funciones comunicativas e informativas de la lengua para devenir una lengua que descansa en sí misma, que potencia su capacidad de «decir» y que se abre a un nuevo uso, pero no por ello deja de transmitir un mensaje con «sentido». La poesía suspende el lenguaje entendido como información para ponerlo en modo contemplación. Ese lenguaje que no solo dice con las palabras, sino también con lo que no dice; ese lenguaje que muestra lo que nadie quiere ver, que nos obliga a mirar donde no queremos mirar. Más aún, la propia actividad poética es en sí misma un proceso de traducción, pues las palabras que el dramaturgo busca decir han de dar a entender algo que sin ellas no saldría a la luz desde ese texto caótico que es el silencio. Las palabras de cada día pasan a la obra traducidas a ellas mismas, transmutadas por una metamorfosis que las deja en la misma lengua, pero las sitúa en una lectura completamente distinta; palabras que solo acuden cuando las invoca una imperiosa necesidad. El signo lingüístico se patentiza: no sustituye a la cosa, sino que es la cosa misma. Los personajes de la tragedia no luchan con la lengua, sino que luchan en la lengua. Esa es su grandeza. Por ello, cualquier acercamiento, ya sea una traducción, una adaptación o una versión, es algo que no solo acerca el texto, sino también lo que no es lenguaje. Cualquier aproximación poética –que no tiene por qué estar en verso– carga con la responsabilidad del aliento de la obra, en una lucha por conservar la belleza y el sentido: si el texto dramático es un violín, cada puesta en escena es su alma, esa pequeña pieza de madera situada debajo del puente y que le permite resonar en todas las lenguas y tiempos del mundo. Esa es la compleja ecuación que el teatro hace cuerpo.

La tragedia, con carácter general, es acroamática, esto es, implica un modo de enseñar por medio de narraciones, explicaciones o discursos, porque es una escuela de democracia que cuenta lo que importa al ciudadano de la *pólis*. Hoy, ciudadanos de otro tiempo, seguimos necesitando estas obras, porque somos mortales, porque el teatro deja que nos reconozcamos en otros, que nos veamos a nosotros mismos, incluso en los personajes de una tragedia griega, que es actual sin necesidad de grandes intervenciones. Lo realmente significativo es ver cómo nos acercamos a esos textos teniendo en cuenta que, cuando juzgamos acontecimientos de una imaginación remota que se mantiene viva, el pasado se comporta como un presente perpetuo, un tiempo no sellado sobre el que hay que tomar decisiones. En las tragedias se habla, en realidad, de la vida y la muerte, de la libertad y los dogmas, de esperanzas y rencor. ¿Hay algo más «actual»? El pasado no es un suelo estable a través del cual avanzamos hacia el futuro; el pasado lo estamos haciendo a cada momento, porque siempre es posible mirar hacia atrás de una manera nueva, es imprevisible y está ante nosotros tan abierto como el futuro. Lo realmente importante no es lo que aquella época sabía de sí misma, sino lo que aún no podía saber sobre sí misma y el tiempo ha revelado, y en ese devenir los dramaturgos, directores y actores actúan como interlocutores entre dos tiempos. Hemos de leer lo que transmitieron para interpretarlo desde nuestra contemporaneidad, porque, como aseguraba Borges, el pasado es arcilla que el presente moldea a su antojo, y los clásicos no son libros escritos de una determinada manera, sino libros que se leen de una determinada manera, urgidos por una acuciante necesidad.

Este tipo de teatro trasciende lo anecdótico para indagar el sentido último de los comportamientos humanos, para tratar de averiguar qué, cómo y por qué mueve a los hombres y qué los paraliza y atenaza. En este sentido, estas obras no conducen a un escamoteo de la realidad, sino a su desnudamiento. Personajes como Orestes, ¿están presos de la locura? Solo es un hombre que quiere afrontar la realidad. O tal vez no. Vencer y ser vencido en la rueda del tiempo, salpicada de culpas reales o ficticias, guerras fratricidas, lamentos hirientes e insoportables dolores. Todo lo contaron ya nuestros antepasados. En palabras de Alberto Conejero, la actualidad de la tragedia demuestra el triunfo de lo humano sobre el incendio del tiempo. Bien es cierto que hoy no se siente la urgencia de la metáfora política con la misma insistencia, pero no es menos cierto que los dramaturgos y directores siguen volviendo su mirada hacia atrás, posiblemente porque no se puede mirar hacia otro sitio.

La nueva visión de «orden» que se atisba al final de la *Orestíada* es preciosa, pero puede parecernos vaniloquente, porque aún «no es». El futuro al que mira la trilogía de Esquilo inspira una ansiedad esperanzada. Ya no es la misma ansiedad de esperanza que sufrieron Clitemnestra, Egisto, Electra, Orestes o los coros. Algunos de sus temores más profundos y oscuros se han aligerado; otros se han agravado. Pero la esperanza debe encontrar un lugar para honrar al miedo, porque el miedo, ese miedo que ensombrece el final de *Euménides*, es un invitado necesario en cada nuevo comienzo. Es el miedo del inicio… de una nueva justicia.

ORESTÍADA

PERSONAJES

ORESTES

CLITEMNESTRA

EGISTO

ELECTRA

AGAMENÓN

CASANDRA

ATENEA

APOLO

JUEZ

PERIODISTA

PÍLADES

VIGILANTE

SOLDADO

MADRE

EMPLEADOS

DELEGADOS

ERINIAS

MÚSICOS

ALGUIEN

OFICIANTE

HOMBRE

No existe un solo Dios; cuando un personaje habla de Dios, se refiere al suyo. Tampoco hay un solo tiempo en la función, distintos pugnan por encontrarse.

Este texto, que parte del original de Esquilo, recoge palabras del tiempo en el que fue escrito; fragmentos de las confesiones de un soldado ucraniano y otro palestino; palabras pronunciadas por Yulia Navalnaya, viuda del opositor ruso Alexei Navalny; Benjamín Netanyahu, primer ministro de Israel y Mahmud Abbás, presidente de Palestina, ante la Asamblea de la ONU, y otras discusiones de este tiempo.

Hace veinticinco siglos, las guerras, los ciclos de violencia y las luchas por el poder preocupaban a Esquilo. Hace veinticinco siglos, la transición hacia una democracia con una participación ciudadana y la convivencia bajo ideales de justicia formaban parte de los ideales de Esquilo. Hace veinticinco siglos, Esquilo señaló la mentira y la manipulación de los hechos por parte del poder, también las cicatrices profundas que dejan las distintas guerras.

¿Quiere esto decir que la guerra, la mentira y la lucha por el poder son universales o que el tiempo, que percibimos como galopante, es un parpadeo que rara vez avanza? Sobre esta idea del tiempo jugaremos en esta Orestíada, *convirtiendo el pasado en presente y el presente en un tiempo que contiene todos los tiempos posibles.*

PARTE I

AGAMENÓN

I

Las Erinias persiguen a Orestes, otro tiempo.

ORESTES: Suelta, quita, no, no, deja, ¡Atrás! Atenea, he venido corriendo hasta aquí para que decidas tú y no el Juez. Diga lo que diga el Juez, tu palabra se oirá antes. Traigo mi fe porque sé que no me hablarás, que el viento es tu voz, que escribes en los renglones del sol, pero la justicia, Atenea, necesita palabras, el perdón necesita palabras, no basta con que crea que puedes perdonarme. Él hará preguntas y yo no sé lo que diré, ni cómo lo diré, pero cuando hable con el juez todo esto parecerá una historia.

Una historia de las que tratan de convencernos de que «esto fue antes» y «esto vino después». Desde que las Erinias me persiguen, sé muy bien que el tiempo es otro. Un tiempo sentado que espera a que hagas lo que ya has hecho.

Hace una semana, le suplicaba al dios de la música, como una hoja a punto de soltarse del árbol, me rendía. No me importaba que otros donaran su carne a los fusiles, a los misiles, a la explosión. ¡No me importaba! Mi madre… ¡Vuelve a dormirte, deja de mirarme criatura horrible…! Atenea, mi madre me envió a

Fócida con todo el dinero que se le puede dar a un hijo de Agamenón, a un campo de instrucción, y todo estaba bien, pero
¡mierda! yo no lo sabía. Disparábamos a botellas, fotos, muñecos
y una furia de perro loco me reventaba el cuerpo por las noches.
Por las noches Fócida tiene ese olor a mar, a cuerpos marrones
paseando entre sombras de ámbar y su bendita música.

Esa noche, Atenea, la noche de «tu padre ha ganado la guerra», había quemado la ropa porque en los pliegues del pan-
talón veía la cara de sus muertos, el sudor en la camiseta me
mostraba sus lenguas duras como martillos, rompí la ropa y
bailaba desnudo.

¿Sabes lo que es estar vivo? Tener cien pájaros en las venas
y veinte caballos en el pecho. No se puede vivir en el mundo
sin arrancarse los ojos. Yo bailaba... eso es lo que quiero que
entiendas...

El Juez dirá «¿Y qué?». Cuando diga bailar, él dirá: «Muy
bien, pero dígame qué viene después». Para el Juez bailar no es
nada, porque bailar no es algo que pueda contarse, pero para
mí bailar era todo.

La noche de «tu padre ha ganado la guerra» sonaba una
música que había atravesado veinticinco siglos para encon-
trarme, rendido ante el dios-sonido esperaba junto a Pílades
la nota definitiva. No esperaba un «boom» o un «paf», sino un
golpe de luz transparente, el sonido detrás del cielo. Entonces
íbamos a bailar como ángeles.

2

Noche 3652
El soldado vigila en su garita, lo acompaña la foto oficial de
Clitemnestra, la máquina que graba y un papel.

VIGILANTE: Deberías hablarme, ya que ordenas que esté aquí, no vendría mal una palabra de vez en cuando.

Intenta sintonizar la señal, sonidos de guerra.

La muerte llega sin que se la llame; atropella al niño, derrumba al joven, los cubre con un manto bajo el que no hay nombre ni historia. Aun así, todos la invocan para acabar con sus enemigos. Llevo escuchando esta canción de muerte diez años, desde que nuestros soldados, con la munición del odio, salieron a buscar justicia.

No importa si el sol dispara, decide atrincherarse entre las nubes o se retira para dejar pasar la noche. Mi trabajo es escuchar. Escucho y olvido. Puedo olvidar, sí, todo queda registrado en esta máquina.

Podrías enviar un saludo, si no estuvieras distraída con ese zorro. ¿Qué tiene él que no tenga yo? Un apellido. Soy un soldado que vigila, mi apellido no importa, importa lo que puedo escuchar desde esta posición.

Lo que debería ser silencio, el instante en el que la vida cede, son chillidos y estertores de gargantas que sorben el aire en su última lucha antes de apagarse. Es mejor que no escuches, la muerte no es silenciosa, ni tranquila; a veces la compasión es un disparo, es mejor que sigas distraída.

Los soldados confían en las palabras; fragmentos de palabras que atraviesan el nervio de la antena de radio. Hijos, padres, viajes, verano.

Yo escucho, grabo, registro la anotación y espero la señal definitiva. Dejaré de ser útil cuando alguien diga: «la guerra ha terminado». Ese día me hablarás, me dirás la vigilancia ha terminado o darás uno de esos discursos. Después vendrá el juicio y hablarán los muertos. Quien quiere venganza debe sujetar el horror con las dos manos y presentarlo como un espejo que no miente.

Escribo las coordenadas y espero las muertes. Las estrellas flotan implacables en su telón oscuro. Si no fuera por el frío que hiere, la lluvia que insiste o el incendio de los atardeceres, creería que vivo confinado en las cenizas de una misma noche. ¿Cuánto horror se puede soportar antes de que se nos muestre el final? Hoy tampoco dirás nada... pero ahí está, eso es, ahí está... (Coordenadas: 32615N 44313E).

3

La llamada del soldado.

SOLDADO: Mamá, soy yo... Estoy vivo. Te estoy llamando desde el teléfono de una de ellas. He matado a diez, mamá, tu hijo ha matado a diez... No sentí nada, lo he hecho yo solo. La mujer está aquí, tiene ojos de animal, ojos de vaca. Había cogido el teléfono para llamar a alguien, pero no le dio tiempo, la cacé.

Primero le disparé al marido y a los dos hijos pequeños en la habitación, estaban abrazados, pero sabía que había alguien más, noté su olor. Iba a esconderse en el jardín, pero la encontré, ni siquiera me suplicó, me miró con esos ojos, quizá la viole después.

Esto es por mi hermano. Su cuerpo quedó partido en dos, lo metieron ayer en una bolsa y se lo llevaron a alguna parte, los troyanos acabaron con él. Ahora nos suplican, pero yo no los escucho, mis hermanos han muerto por su culpa.

Tienen de todo en esta casa; comida, juguetes, televisión, lo tenían todo. ¡Ojalá pudiera llevarte este jarrón! Es nuestro, me lo he ganado. Me gustaría que la vieras mamá, es una mujer, lleva un vestido de esos con pequeñas flores, ahora no puede hacer nada.

MADRE: Dios te bendiga.

SOLDADO: Me quedaré con esta familia. No nos esperaban, los hemos cogido mientras regaban las plantas y horneaban pasteles, hoy no quedará nadie. ¿Has visto las noticias? Hemos vencido.

Un perro, tienen un perro, ¡quiero estar solo! (*Dispara.*) Es su perro, mejor que se vaya con ellos.

MADRE: Dios te bendiga, hijo.

SOLDADO: Es el final. Yo mismo incendiaré esta casa cuando salga, los quemaré junto a sus cosas. Esta vez los hemos cogido, y yo estoy aquí, lo he conseguido, tu hijo ha llegado hasta el final.

MADRE: Dios te bendiga.

4

Habitación de Clitemnestra, la mañana.

CLITEMNESTRA: Ahora qué. Ahora yo. Qué. Yo. Los incendios. Los he visto mientras dormías. Una chispa en el viento, planeando hasta encontrar la astilla más seca. Abandonada por la corriente. De la chispa, el rayo, el resplandor, la llama. Los gritos de unos y otros mezclados como el aceite y el vinagre en un vaso. Anoche. Mientras dormías. El mismo fuego, a unos les daba la reluciente victoria, mientras robaba el cuerpo de esposos, hermanos y padres. La flor de la llama ha parido sombras. El collar de hogueras, como rosas amarillas, sobre un bosque de cuerpos sin cuerpo. Troya ha caído. Esta noche. Mientras dormías.

EGISTO: ¿Por qué no me has despertado?

CLITEMNESTRA: El sueño es un refugio, una puerta que no hay que abrir. Nos lanzan esta victoria a la cara, sus incendios. El fuego no es más que un sol muerto, no tiene derecho a despertarnos.

EGISTO: ¿Qué se sabe?

CLITEMNESTRA: Se sabe que mañana volverá Agamenón.

EGISTO: ¿Mañana?

CLITEMNESTRA: Será el primero en volver para entregarnos la victoria. Yo. Qué. Joder. Disculpa. Trato de...

EGISTO: Dilo.

CLITEMNESTRA: Decir qué.

EGISTO: Pensé que intentabas decir algo.

CLITEMNESTRA: No lo sé. Mejor habla tú.

EGISTO: ¿Yo?

CLITEMNESTRA: Sí. Di cualquier cosa.

EGISTO: ¿Cualquier cosa como qué?

CLITEMNESTRA: Cualquier cosa es precisamente eso, hablar sin nombrar, sin traer, sin causar nada. Hablar.

Silencio.

Una guerra puede acabar en cualquier momento. Alguien da la orden y acaba. Todos celebran. Un minuto. Después vuelven a casa y encuentran una mancha en la habitación, esa costra seca fue alguien que dijo cosas. Las cosas que dijo no se recuerdan. Se recuerda el fuego, la chispa, la llama. Joder, el charco púrpura ha sido un cuerpo que antes decía cosas y ahora solo dice: «tú no has hecho nada».

EGISTO: No soy bueno para hablar en estos casos. Sé que debería decir algo, pero no soy bueno para hablar en general.

CLITEMNESTRA: Podrías decir algo.

Egisto: Tú has visto el fuego, yo esta luz… No es más que una bombilla… Acabo de nacer. Ahora comprendo por qué estoy aquí y eso que nos amenaza es solo la verdad.

Clitemnestra: ¿Cuál verdad? Si es la verdad de estos muros entonces es la verdad de una mujer, de una madre. Si es la de fuera, entonces es la verdad de los soldados que luchan y derriban templos antiguos para levantar otros nuevos. Si es la verdad de esta ciudad, todos hemos atravesado la oscuridad de la noche rezando para llegar a ver el día, es la verdad del silencio de los dioses, un temor incomprensible. ¿De qué verdad hablas? Porque ellos, los dioses, también tienen su verdad.

Egisto: Hablo de… ¿Es un sueño Ifigenia?… ¿La victoria la traerá de regreso?… Quiero decir…

Clitemnestra: ¿Qué quieres decir?

Egisto: No quiero decir nada. Estoy intentando saber qué hemos ganado… Hemos vencido… ¿No?

Clitemnestra: Sí. Hemos vencido. Pero nadie me la devolverá. Mi virgen…

Silencio.

Yo imaginaba otro final para la guerra. Una llamada fría a mediodía, después, la estatua de Agamenón izada en el jardín en un festejo. Un grupo de troyanos asaltando la celebración para derribar la odiada estatua. El polvo de los dedos de barro de Agamenón cayéndonos en los ojos, las copas de vino llenas de fango, las bandejas sepultadas. Y después… el palacio en ruinas… y nosotros huyendo… tranquilos… ¿Y tú?

Egisto: No he tenido tiempo de imaginar, estaba dormido.

Clitemnestra: Para imaginar no hace falta tiempo.

Egisto: Yo no podría irme.

CLITEMNESTRA: ¿No?

EGISTO: No sé. Yo… Supongo que lucharía… ¿No?

CLITEMNESTRA: No es más que una estatua.

EGISTO: No quiero pensar en eso.

CLITEMNESTRA: ¿Qué quieres pensar?

EGISTO: Quiero pensar algo que pueda recordar, algo que pueda ser pensado después también, que pueda ser dicho.

CLITEMNESTRA: ¿Por qué no podemos huir juntos?

EGISTO: Porque yo espero a Agamenón.

CLITEMNESTRA: ¿Para qué?

EGISTO: No sé. Solo sé que lo espero desde antes de saber que tenía que esperarlo.

CLITEMNESTRA: ¿Piensas enfrentarte a él?

EGISTO: No.

CLITEMNESTRA: ¿Entonces?... Di algo…

EGISTO: Nada, se trataba de hablar… ¿No era eso?

CLITEMNESTRA: Sí, de eso se trataba, de hablar.

Entra Electra.

ELECTRA: ¿Así celebras la victoria?

CLITEMNESTRA: Deja de espiarme.

ELECTRA: No hace falta que te espíe, aúllas como una loba. Pobre padre, mira lo que le espera…

CLITEMNESTRA: Le espera lo que ha quedado del pueblo y los hijos que aún no ha matado.

ELECTRA: ¡Cállate mamá!

CLITEMNESTRA: Si has venido hasta aquí, déjame hablar. Gimo, sí, pero también he llorado y le he suplicado a tu padre con esta misma voz… Imagina que hubieras sido tú… ¡Llegué a temerlo, Electra!

ELECTRA: Mi padre ha ganado, es el fin de la guerra, ya puedes salir de esa cama.

5

ORESTES: La noche de «tu padre ha ganado la guerra» esa música, que llevaba perdida veinticinco siglos, me encontró. Nos merecíamos aquella fiesta, por los que entregaron sus cabezas para que nosotros pudiéramos bailar. Por la pequeña cabeza de labios redondos y dorados de mi hermana Ifigenia, por sus lunares pardos en las dos mejillas triangulares que temblaban cuando se reía y derramaban un eco de trinos y campanas.

(*A las Erinias.*) ¡Dejadme, no me miréis, atrás!

Bailábamos como nadie ha bailado nunca, entonces me escupieron la noticia en los ojos. No hizo falta mensajero, las pantallas de Fócida, en coro, reproducían el grito de los soldados, los abrazos, las banderas, los fusiles disparando al cielo y los incendios quemaban como la sal, como el odio, como la verdad.

PÍLADES: Tu padre y Menelao han vencido, Orestes, la guerra ha terminado. Tenemos que volver.

ORESTES: Y ese tenía que haber sido el final, esa noticia y volver a casa. Dormir en la habitación de la infancia, mirar la televisión, esperar el desayuno. Decir padre, madre. Así tendría que haber terminado…

La escena se transforma, las Erinias, que ahora parecen bacantes, rondan a un Orestes confundido entre el presente y el pasado.

ORESTES: ¡Duerme, Erinia! Duerme… ¡Atenea!… ¿Las ves? La noche de «tu padre ha ganado la guerra» yo bailaba… ¡El dios sonido susurra para que renunciemos a los crímenes de nuestros padres! ¡Pílades! ¿Dónde estás?

ERINIAS: Un hombre crio un león, cachorro arrancado de las tetas de su madre. Al principio se criaba manso, amor de niños, regocijo de viejos. El amo lo paseaba en brazos. Pero al crecer, sacó los viejos instintos. Pagó el cuidado de sus amos con un festín de ovejas despedazadas por sus garras. La casa se llenó de sangre, de nada sirvió el lamento de sus cuidadores, un ministro de muerte se ha criado en esa casa. Así llegó Helena a Ilión, serena, cual mar sin olas, rosa de amor que punzaba corazones.

ORESTES: ¡Dejad de escarbar en el cuerpo de Helena! Helena ha llenado de palabras las fiestas, pero nadie ha dicho la verdad. ¡Ningún soldado murió por Helena! Cada cuerpo es una tumba, el mal no estaba en sus ojos o en sus pechos...

¡Las Erinias!, ¡las Erinias! Atenea, no hay ningún día que sea el primero o el último, todos los días estoy frente al tiempo, mirándome, esperando a que haga lo que he hecho.

6

El palacio se prepara para la llegada de Agamenón.

CLITEMNESTRA: Cuando llegó la señal del fuego, sentí alivio. ¿Qué día puede haber más feliz para una mujer sino aquel en que la guerra le devuelve, tras diez años, a su marido sano y salvo? Cuando llegue Agamenón encontrará aquí a su fiel mujer, perra para la casa, dulce con él y dura con los enemigos.

Gracias por este homenaje, sois la luz de la ciudad. El vencedor os quiere, él es fuerte por vosotros, ha resistido porque creéis en él. La paz llega como un huésped inesperado, hoy se verá que nuestra hospitalidad no es fingida.

Primero, el fuego; las pequeñas antorchas se irán encendiendo desde allí, una y después otra… Después, las flores, ¡arrojadlas a sus pies! Que cubran el camino con su belleza. Flores rojas, amarillas, blancas. Que suene la mejor canción de vuestro repertorio, ¿Cómo debería sonar nuestra victoria? ¿Quién lo sabe?

El cantante canta algo.

CLITEMNESTRA: Quizá debería sonar menos melancólico, celebrar puede parecer vulgar si no encontramos el modo de hacerlo cuando nos corresponde. El pueblo que unos tenían por débil hoy se alza victorioso. Al escuchar la música saldrá la gran alfombra… ¡Escondedla, que sea una sorpresa!
Intentad que las canciones muevan a Agamenón y a los soldados, no cantéis vuestros sentimientos, sino los suyos. Han luchado, recordadles el camino que los ha traído de regreso. No uséis palabras ajenas, ni ritmos lejanos, volver a casa tiene su propia canción. No cantéis palabras de otro tiempo, pero tampoco frases tan nuevas que nadie las reconozca, cantad la canción justa, no cantéis poesía, sino verdad. ¿Sabréis hacerlo?

Llega Agamenón.

EGISTO: Ya estás aquí, Agamenón, con tus hombres. ¿Cómo debemos actuar ante ti tras la victoria? ¿Cómo debemos recibirte sin que resulte excesivo o escaso nuestro gesto? ¿Cómo podemos ser justos en nuestra expresión? Quien ha luchado, lejos de casa, enfrentado el peligro constante, nos mirará y sabrá de inmediato quién miente con zalamerías y quién se alegra de verdad.
AGAMENÓN: Dios ha impartido justicia, este tiempo ha sido necesario para su deliberación, pero, finalmente, ha depositado

en la urna de la sangre voto de destrucción y muerte contra Troya. Todavía se puede ver el humo de lo que fue una ciudad. Cuando mueran las últimas cenizas encendidas, se apagará el último aliento del pueblo vencido. Gracias a Dios que nos ha permitido rendir a nuestros enemigos. Por una mujer, ha caído Troya. El monstruo argivo salió del vientre de un caballo; como leones, estos hombres bebieron su sangre. Es todo lo que puedo decir ahora.

Clitemnestra: Ciudadanos, quiero expresar mi afecto a Agamenón con estas palabras:

«Querido esposo, cómo puedo mostrarte la angustia en la que he vivido estos años, sola en un hogar desierto. Han sido pocos tus mensajes, pero las noticias encontraban la forma de llegar al palacio; si hubieras muerto las veces que escuché que lo hacías, no serías una persona, sino un resucitado, el pobre gato se quedaría corto ante ti con sus míseras siete vidas. Si cada noticia de muerte fuera una herida en tu cuerpo, te veríamos perforado como una red. Al mismo tiempo has estado vivo y muerto en esta guerra de mentiras.

No está aquí Orestes; atormentado por los golpes de las mentiras, tuvo que alejarse. Mis ojos se secaron hace tiempo, no me quedan lágrimas, todas las gasté llorando falsas señales.

Pero aquí estás, victorioso. Eres el perro del redil, el cable salvador de esta nave, la firme columna de este palacio, tierra para el naufrago, claro día, cristalina fuente para el que sediento busca, vuelve, leal soldado».

Agamenón: Un discurso tan largo como mi ausencia. Gracias, pero no me recibas como a un dios, lo único que quiero es entrar en mi casa.

Clitemnestra: Para nosotros eres un dios en este día… Espera, aún falta algo…

AGAMENÓN: ¡Entremos!

CLITEMNESTRA: No tengas prisa…. ¡música!

Aparece la alfombra, una gran bandera.

CLITEMNESTRA: Písala.

AGAMENÓN: Si pisara esa tela, la dejaría marcada con mis botas; un combatiente no pisa su propia bandera.

CLITEMNESTRA: Hoy traes la paz, mereces caminar por encima del símbolo patrio.

AGAMENÓN: No puedo… ¿no lo entiendes?

CLITEMNESTRA: ¿Temes lo que puedan pensar tus hombres? Les diré lo que significa, el camino al hogar después del sufrimiento, nuestra patria es un camino al cielo.

AGAMENÓN: No la pisaré.

CLITEMNESTRA: Hoy te dejarás vencer por mí. Nuestra casa, guardiana de la patria, rica como ella se mantiene. Pero no me importaría destrozar todas las riquezas, si sirvieran para preservar tu vida. Pues mientras tú vivas, gran soldado, vivirá el sol y traerá luz y calor a nuestros días. ¡Gracias por traer de vuelta a mi esposo, gracias, gracias, gracias!

AGAMENÓN: Vamos dentro.

Agamenón pisa la alfombra.

7

Clitemnestra ve a Casandra.

CLITEMNESTRA: Y tú, ¿quién eres?

CASANDRA: Vengo como esclava.

CLITEMNESTRA: Puedes pasar.

CASANDRA: No puedo, tu casa es un matadero.

CLITEMNESTRA: En tu pueblo será costumbre hablar así, aquí tenemos el respeto.

CASANDRA: Las ventanas de esta casa están cansadas de ver crímenes. Tú reinarás, ¿traerás la paz?

CLITEMNESTRA: He gobernado durante diez años que hoy terminan.

CASANDRA: Hablo de mañana, lo sabes. ¿Ves aquellos niños sentados en el césped como apariciones de ensueño? Son niños degollados. Míralos, llevan en las manos abiertas su propia carne devorada, intestinos, entrañas, alimento que sirvieron a su padre.

CLITEMNESTRA: ¡Deja este horrible espectáculo!

CASANDRA: Es ya inevitable… Un león cobarde acecha, reclama la venganza de ese crimen… Ahora están siendo asados, los niños, ¿lo ves? Asados aquí, en el jardín de tu propia casa. Puedo olerlos…

CLITEMNESTRA: No permitiré…

CASANDRA: Reinarás.

CLITEMNESTRA: Cállate, extranjera.

CASANDRA: Esta noche parirá el día que te dará la corona del rey. Antes conducirás a tu esposo al baño… ¿Cómo decir el resto?

CLITEMNESTRA: Estás mal… ¿Qué te has tomado?

CASANDRA: ¿Dónde está el nuevo rey?

CLITEMNESTRA: ¡No grites!

CASANDRA: No sabes los trabajos que sufrió mi pobre ciudad que al fin había de ser arrasada… ¿Temes que tu plan se descubra?

CLITEMNESTRA: ¡No tengo ningún plan!

CASANDRA: Sientes el peso de mil ojos en la nuca, pero tu odio mira más lejos.

CLITEMNESTRA: No permitiré que nos maldigas este día. Come, bebe, haz lo que quieras, tu pueblo ha perdido, a nosotros nos corresponde celebrar.

CASANDRA: La leona se aparea con el lobo, qué festín. Mientras el león sale de caza, ella calienta el hogar. Pero el león no regresa solo, trae consigo un ave cantora. Un ave exótica ha venido con él. Su canto desconocido anuncia el final, pero nadie lo entiende. Solo se entiende la muerte. La leona le quita las plumas, le rompe el cuello y por fin el ave deja de cantar.

8

CLITEMNESTRA: Esa esclava me ha vuelto loca.

EGISTO: ¿Qué ha dicho?

CLITEMNESTRA: Que reinaré.

EGISTO: ¿Un augurio?

CLITEMNESTRA: Ha visto a tus hermanos, me describió sus caras, el horror de los niños… los veía…

EGISTO: Voy a hablar con ella.

CLITEMNESTRA: No dejes que entre al palacio.

EGISTO: Él la ha traído.

CLITEMNESTRA: Sus palabras no son solo palabras, la escuché y ahora temo…

EGISTO: ¿Qué temes?

CLITEMNESTRA: Que haya de ser así. Que esté escrito.

EGISTO: ¿De qué hablas?

CLITEMNESTRA: Agamenón no ha hablado de mi hija… ¿Lo has escuchado?… Se ha reído del homenaje… Cuando sentí su brazo en mi hombro, noté un peso frío…

EGISTO: Todos lo hemos visto.

CLITEMNESTRA: Esa extranjera ha dicho que seré reina y que habrá un nuevo rey.

EGISTO: Ha visto perecer entre horribles sufrimientos a los suyos, sus palabras, si pudieran arder, quemarían esta ciudad. Estamos condenados a sentir el mismo odio que una extranjera. El invencible Agamenón, bajo la luz de los halagos, proyecta su sombra sobre nosotros. ¿Acaso no es esto el mal? Un negro temblor que nos confunde. El veneno parte de una sola fuente: Agamenón.

CLITEMNESTRA: Ahí sigue esa mujer.

EGISTO: Qué extraña danza.

CLITEMNESTRA: Cuando acabe el banquete Agamenón se dará un baño, escúchame porque lo diré solo una vez...

EGISTO: Te escucho.

9

Fiesta en Fócida.

PÍLADES: Tu padre y Menelao han vencido, Orestes, la guerra ha terminado, friend.

ORESTES: ¿Qué es lo que ha terminado? La guerra nunca termina. Una madre pare el grito del que nace su dolor, la criatura abre los ojos, reclama consuelo, pero el consuelo es escaso, con un cuchillo conseguirá volver al tibio vientre de su madre. Agamenón y Menelao han vencido. ¿Cuántos huérfanos han fabricado? ¿A cuántos padres les han arrebatado a sus hijos? Hijos que no dejarán de preguntar quién mató a quién. Que golpearán puertas y dirán el nombre mientras buscan un dedo o una cabeza para poder enterrarla. Para poder decir: aquí descansa mi padre.

PÍLADES: Se ha terminado… ¿Es que no quieres volver a casa?

ORESTES: No, friend. La noche llena de terror a algunos, pero a nosotros nos consuela. Si apagas la música, se oirán los siniestros gritos, el terror nos alcanzará. La noche, enemiga del sol, vive en mi casa desde hace tiempo.

PÍLADES: Escucha: «Una cadena de hogueras, brillando desde Troya como un collar de flores amarillas, proclama la ruina de la ciudad de Príamo».

ORESTES: Mi hogar es la cama de Clitemnestra y Egisto. Dice mi hermana que mamá gime como una loba. Ella se divierte, yo también. Así veneramos en mi familia a los combatientes. ¡Así los esperamos!

PÍLADES: Tu padre ha vencido, quiero conocerlo. ¿Puedo ir contigo a Argos?

ORESTES: Iremos, sí. ¿Qué prisa tienes? Hace diez años que se marchó Agamenón, a los pocos días, Egisto ocupó su lecho, no tardará un segundo la reconquista. Shhh… esta canción…

Suena la canción favorita de Orestes.

PÍLADES: Escucha esto, friend: «El palacio se prepara, el recuerdo del error se silencia en las sábanas; la casa se vestirá de fiesta, Agamenón regresa para ser el primero en entregar la victoria».

Orestes a la diosa Atenea.

ORESTES: Ese tendría que haber sido el final, un héroe vuelve. Neoptólemo, hijo de Aquiles, mató a Príamo en el altar de Zeus; Telémaco ayudó a su padre a vengarse de los pretendientes en Ítaca; yo dudaba, eso era todo, dudar en medio de una noche en la que música, estrellas, cuerpos, mar, sal en la lengua, todo era mentira. Soy solo el amigo de Pílades. Y entonces recibí la llamada.

10

EGISTO: Noche, vengo a ti. ¿Puedes hablarme? Alegre es la luz de la venganza. No escondas con oscuros trazos a los dioses que recuerdan cada crimen. ¿Es justo que un hijo reciba el castigo del padre? Yo estoy aquí por el mío.

Atreo, carnicero de mis hermanos, desterró a mi padre para quitarle su imperio. Años más tarde, Tiestes volvió a este hogar, suplicante, Atreo no solo le tendió la mano, le aseguró que su sangre no caería en el suelo de sus antepasados. Pero, esa misma noche, el impío Atreo ofreció un festín para servirle a mi padre la carne de sus propios hijos. Comiendo los pies y las manos desfigurados de mis hermanos se los ofrece a mi padre, que, sin conocerlos, come del plato. Entonces le muestra en las bandejas las cabezas y Tiestes vomita sobre esta casa maldiciones.

He intentado apartarme de esta historia; podría haberme ido lejos, pero la lejanía no cambia el pasado, podría haberme unido a los troyanos o haber destruido el palacio con todos dentro, pero he esperado, hasta hoy, en pie, como una espada; he esperado porque soy el tercer hijo de Tiestes.

Quitando el delito del padre, queda saber si Agamenón es bueno. Acabó con Ifigenia en una fiesta de soldados y, junto a su hermano, nos condujo a una guerra sanguinaria. Hoy todos lo celebran, pero vencer no lo hace bueno. Si Dios le ordenó matar, que ahora Dios me detenga, yo lo invito. Noche, arroja una piedra sobre mí, haz que se me caigan las manos. Las mismas con las que he enterrado a mi padre y acariciado el cuerpo de Clitemnestra.

Noche, detenme y protege a Agamenón. Cuéntale mis planes. Haz que me quede ciego o que el corazón se detenga. Si nada ocurre, no podrás decir que fue mi voluntad.

La luz del baño se ha encendido, Clitemnestra me espera.

Quiero vomitar… Soy el asco y la vergüenza de esa noche. Sobrevivir es una maldición. Las caras iluminadas de mis hermanos me miran. (*Vomita.*)

CLITEMNESTRA: ¿Por qué tardas? ¿Te arrepientes?

EGISTO: Mis hermanos están aquí conmigo… (*Vomita.*)

CLITEMNESTRA: Es ahora o no ocurrirá nunca.

EGISTO: Vamos.

CLITEMNESTRA: Tiemblas. Quizá no sea el momento. ¿Estás enfermo?

EGISTO: Si no actuamos, no ocurrirá, lo que ocurre Dios lo desea.

CLITEMNESTRA: Dios no se atreve a mirarnos,

EGISTO: Hazlo por él, ofrécele esta justicia.

CLITEMNESTRA: Lo haré por mí misma.

EGISTO: Déjame hacerlo.

CLITEMNESTRA: No, tú lleva la red.

I I

Fiesta, Agamenón bebe.

AGAMENÓN: Estábamos a punto de partir a la guerra, cuando dos aves, una blanca y una negra, se abalanzaron sobre una liebre preñada y la devoraron a la vista de todos. La escena nos causó escalofrío. Entonces pedí que llamaran a un adivino que nos reconoció en las dos aves a mi hermano Menelao y a mí: la ciudad de Troya será tomada como esa liebre, dijo.

Después del augurio, Menelao y las tropas estaban ansiosas por ir a la batalla. Naves preparadas, cantos de valor a los soldados, pero un enemigo sin cuerpo nos amenazó: el viento. Pesada niebla cayó sobre nosotros y el viento se negaba a soplar para disiparla. Un fenómeno terrible para los que soñaban ya con la muerte y el único remedio era más terrible que el viento y el sueño.

CLITEMNESTRA: Deja que ellos también hablen, querido.

AGAMENÓN: ¡Déjame terminar!

CLITEMNESTRA: Claro, termina de contarnos cómo te ordenó Dios matar a nuestra hija.

AGAMENÓN: ¡No había remedio! Los soldados empezaban a asustarse, pensaron que el adivino se había equivocado y que las dos águilas...

CLITEMNESTRA: ¿Cuánto duró aquella niebla?

AGAMENÓN: Se posó en la ciudad durante tres días, los soldados bebían y se emborrachaban esperando a que el viento soplara. Pero no, el viento no se movía.

CLITEMNESTRA: ¿Y tú?

AGAMENÓN: Yo estaba con ellos, con mis hombres.

CLITEMNESTRA: Y nuestra hija fue a buscarte... como ahora que ha vuelto para abrazarte.

AGAMENÓN: No invoques a mi preciosa hija.

CLITEMNESTRA: ¿Por qué? Ifigenia es la gran triunfadora, fue ella quien nos dio esta victoria, es justo que se la invite.

AGAMENÓN: Ifigenia...

CLITEMNESTRA: Fue a buscarte atravesando la niebla y te encontró borracho, como ahora, con tus soldados...

AGAMENÓN: Dios la trajo hasta nosotros...

CLITEMNESTRA: Fue a buscarte para que vieras su vestido blanco de novia.

AGAMENÓN: Las manos de un padre no se mancharían voluntariamente con la sangre de su hija…

CLITEMNESTRA: Me preguntó si te habías ido, al ver la niebla le dije: «No saldrán hoy». Y salió corriendo a buscarte.

AGAMENÓN: Cuando el sacrificio es inevitable, el dolor no puede rehuirse. Entregar a mi hija fue el mayor sacrificio, ¿Qué es la guerra? Personas que jamás hubieran pensado en lastimar a nadie matan ante el temor a morir. Podrían haber sido los mejores amigos, pero están ahí para morir o dar muerte. ¿Qué hace que dos soldados se apuñalen el uno al otro, se estrangulen y se ataquen como perros locos? ¿Qué hace que combatan hasta la muerte? Obedecen a un mandato superior. Ifigenia…

Mis soldados parecían bestias enjauladas, la furia contenida, el ánimo retorcido, entonces Dios me habló.

CLITEMNESTRA: ¿Con qué voz?

AGAMENÓN: ¡Con la suya! Mandado por el cielo, me arrojé a la bárbara hazaña, loco, temerario, sacrificador de mi hija. Ella fue la primera víctima de mi armada…

CLITEMNESTRA: Necesitas descansar.

AGAMENÓN: Ifigenia me hirió con la mirada durante el sacrificio. Resplandeciente y bella me maldijo. ¡Me maldijo!

CLITEMNESTRA: ¿Quieres dormir?

AGAMENÓN: Prepárame el baño.

12

CASANDRA: ¿Vienes ya a buscarme?

EGISTO: Clitemnestra te invita a entrar.

CASANDRA: Tantos esfuerzos y lo irremediable llega.

EGISTO: Después podrás seguir divirtiendo a tus amigos.

CASANDRA: Como un perro seguir el olor de la sangre, la canción del crimen que canta esta mansión…

EGISTO: Empañas la tranquilidad de esta gente, hoy estamos de fiesta.

CASANDRA: ¿Volveré a salir tras nuestro encuentro?

EGISTO: Te doy mi palabra.

CASANDRA: ¿Veis cómo miente?

EGISTO: No, no lo ven. Vamos.

CASANDRA: Reconoce que he acertado cuando narré los crímenes de esta casa.

EGISTO: Pisas por primera vez nuestra tierra, no sabes nada de nosotros, extranjera.

CASANDRA: ¿No es cierto que Tiestes maldijo a Atreo y, desde entonces, la muerte se ha quedado a vivir en esta casa?

EGISTO: Gastas tu tiempo narrando esos horrores. Nadie quiere escuchar.

CASANDRA: El tiempo no es mío. Nadie quiere escuchar, escuchar o hacer como que escucha, decir yo escucho, yo misma he dejado de oír; hace tiempo que solo oigo mi voz murmurando escúchame, suplicando escúchame, susurrando que alguien me escuche. Quien creó este camino, creó también la voz y decidió que no se oyera. La palabra. Todos los ritos giran alrededor de algo que ya nadie desea. Nadie desea la palabra, sino sacar de ella algo, paisajes, ventana, biografía, historias, algo de valor. Nadie desea la palabra, sino aquello que la palabra puede darles. Nadie escucha, por tanto, las palabras, sino el eco mentiroso de los deseos.

La noche que Apolo me deseaba me nombró: Casandra. Qué frío. Qué voz muda. No. No puedes decir que no. Digo que no. Pero Apolo me deseaba como deseaban mi padre Príamo y mi hermano Héctor ganar la guerra. ¡No abras las puertas! No reci-

bas ese caballo preñado de odio. ¿No lo ves? Apolo me deseaba como deseó Paris a Helena, como deseaban la guerra, ganar la guerra, celebrar la guerra. Mi cuerpo no verá la paz, ni hallará el descanso, porque Apolo lo deseaba, no puedes decir que no.
EGISTO: Vamos dentro.

Quedan fuera dos Empleados del palacio.

EMPLEADO 1: La suerte. Cualquier sombra puede acabar con ella. Una esponja húmeda la borra. En el hogar más rico, da miedo entrar. Si ellos que lo tienen todo, temen; si han de pagar por crímenes de otro tiempo y no basta la victoria para vivir en paz, qué podemos esperar nosotros.

Grito de Agamenón.

EMPLEADO 2: Es la voz de Agamenón, entremos.
EMPLEADO 1: Espera.

Grito de Agamenón.

EMPLEADO 2: Segundo grito, hay que actuar.
EMPLEADO 1: Espera, allí dentro está naciendo un poder nuevo.

Tercer grito.

13

ORESTES: Cuando Pílades dijo «tienes una llamada», supe que el tiempo me había encontrado. Nadie dice «tienes una llamada» en medio de una noche de fiesta. Atenea, el tiempo se pegó, el baile y la resaca, el vómito, el olor a mar, estaba agitando mis huesos cuando Pílades dijo «tienes una llamada», hui, pero el tiempo me miró.

Mi hermana estaba… No entendí las palabras de Electra, una cámara, un ataúd… ¿Acaso no estábamos de fiesta? No sé si fuiste tú, Atenea, pero el tiempo de la paz llenó mi casa de guerra. ¡Madre, madre, padre, padre!

—¡Escúchame, Orestes!

La cara de Pílades se volvió blanca, alguien detrás de él asomó.

ALGUIEN: Deja de tratarlo como a un niño. Díselo claro para que se sacuda. Como no se lo digas no va a llegar ni a ver los gusanos. ¡Quita! Ya se lo digo yo, que a mí no me importa. Él sabe que su madre es una zorra. Como no se lo digas no va a llegar a ver ni lo que dejan los gusanos del pobre Agamenón.

ORESTES: Cuando alguien dice «tienes una llamada» el tiempo ya no puede engañarte y hacerte creer que algo viene antes y lo otro viene después.

—¿Qué dices, friend?, ¡friend!, ¿Qué estás diciendo?

Cuando alguien dice «tienes una llamada» el tiempo ya te ha cazado. Déjame en paz, joder, qué pesado, no ves que estoy… calla… las palabras buscaban gravedad, pero yo las golpeaba. ¡No me toques los huevos!… El sonido… ¿Cuándo aplastará a las perras que me persiguen? Tu padre. ¿No lo entiendes? Tu padre. ¡Cállate! Yo no he hecho, yo hago, yo haré, yo hice. ¿Qué? ¿Cuándo? ¿Qué es lo que tenemos que hacer por culpa de los padres? Corrí un desierto, un charco de vómito, una palmera y siempre los brazos fríos de mi padre. Tu padre, tu padre, tu padre… ¿Qué es ser hijo? Es no ser nada desde el principio.

Antes, en Palacio.

CLITEMNESTRA: No me avergüenzo. Nunca mentí, recibí a Agamenón con todo el amor que pude, pero al verlo supe que no era justo dejarle con vida. Me siento serena, orgullosa de mi obra, pondría mi firma en esta bañera. Le envolví como quien coge peces en la red. Después le herí dos veces hasta que el cuerpo se desplomó, en ese momento le di el tercer golpe de justicia. Caído, se estremeció por última vez, entregó su espíritu y su sangre salió por las heridas impetuosa y caliente. Cuando sentí las negras gotas en mi rostro, fue como si lloviera desde el cielo. Podéis juzgarme, estoy satisfecha. Agamenón llenó su copa de sangre ajena y, al final, él mismo la ha bebido. Juzgadme, no me importa, aquí está mi esposo, yo lo maté.

EMPLEADO 1: Lo has degollado. ¿Qué vamos a hacer contigo? Es mejor que te vayas, deja el trono y vete.

CLITEMNESTRA: Si me voy, me perseguiréis. Y a ese hombre que, habiendo cientos de ovejas para sacrificar, para invocar al viento inmoló a su propia hija, su vida le valió menos que la de una res, lo convertiréis en mártir. ¿No era justo que también le hubierais echado y maldecido a él? Conmigo sois más rigurosos, pero no tengo miedo.

EMPLEADO 2: Has vengado una sangre, pero ahora hay otra que necesita ser vengada.

CLITEMNESTRA: Yo solo he puesto las manos. Que Ifigenia reciba ahora a su padre, amable y sonriente como siempre, que se lo lleve y le dé la paz eterna.

EGISTO: ¿Con quién estáis? Es momento de decidir. Le he ofrecido a Dios este crimen, lo confesé por si quería detenerlo, pero Dios quería esta venganza. Qué rápido se os ha olvidado Tiestes…

EMPLEADO 3: ¡Cobarde! ¡Asesino!

EGISTO: ¿Quién ha gritado? Ven, con estas manos te mataré.

Clitemnestra: Nadie más va a morir, ya ha sido suficiente. Tú y yo seguiremos en este palacio y pondremos, a partir de ahora, todo en orden.

PARTE II

LOS DELEGADOS

Pieza construida con fragmentos de realidad

I

Electra graba un video.

ELECTRA: Hace tres días Clitemnestra mató a mi padre, Agamenón. Clitemnestra mató al padre de Orestes. Clitemnestra me quitó lo más preciado que tenía. La persona más querida.

Pero Clitemnestra también os quitó a Agamenón. En una red mentirosa, rodeándolo de homenajes, distrayéndolo con festejos mientras lo aislaba en un oscuro baño. Clitemnestra no solo mató a la persona de Agamenón, junto a él quiso matar nuestra victoria, nuestras esperanzas, nuestro futuro.

¿Qué haréis vosotros contra Clitemnestra? No sintáis vergüenza por hacer poco, lo vergonzoso es no hacer nada, dejar que el miedo os paralice.

Ya sabemos también por qué Clitemnestra mató a Agamenón hace tres días. Lo sabemos. Sabemos con quién y cómo cometió el crimen. Conocemos su nombre y su rostro.

No habrá silencio. Seguiré diciendo al mundo quién fue mi padre, seguiré mostrando cómo nos protegió de los troyanos, salvó nuestra vida de ser arrasada por un enemigo despiadado.

Os pido que no vengáis hasta aquí solo con la tristeza y el dolor. Pido que compartáis mi ira. Rabia, furia, odio hacia aquellos que se atrevieron a quitarnos nuestro futuro.

Detrás de mí está el ataúd vacío, no nos entregan su cuerpo para que podamos enterrarlo. Te hablo también a ti, Clitemnestra, la solución a este asunto depende solo de ti. Déjame finalmente enterrar a mi padre. Exijo que el cuerpo de mi padre sea liberado y traído hasta aquí, para que podamos enterrarlo como a un ser humano.

Orestes, no sé si me estás escuchando, esto es lo que tenemos de nuestro padre, su ataúd vacío. Me han chantajeado, me han obligado a guardar silencio, pero, si no hablo por miedo a los que me escuchan, entonces es que no hay nada que temer.

Apaga el video.

2

Electra se dirige a los presentes.

ELECTRA: Pensé que, una semana después de la muerte de mi padre, podría preparar un discurso para su funeral, pero no, ha habido que luchar para que nos entregaran el cuerpo y decidir dónde enterrarlo. El funeral será mañana, todavía no estoy segura de si será pacífico o si los que vengan a despedirse de mi padre sufrirán algún castigo. Pero estoy aquí porque ustedes y los suyos me preguntan cómo pueden ayudarme.

Hace diez años Paris y Menelao iniciaron una guerra, todos se apresuraron a apoyar a Menelao y todos han sido bendecidos, ha habido mucha sangre, muertes, pero también recompensas, sin embargo, mi padre no consiguió nada; a pesar de luchar por su pueblo, a pesar de haber contribuido a la victoria se le arrebató el trono, se le arrebató la vida, y nadie ha hecho nada. ¿Qué se puede hacer contra los que ostentan injustamente el poder?

Quizá nada. Sanciones, dinero, armas, nada funciona. Y ha ocurrido lo peor, todo el mundo se ha acostumbrado a la injusticia. Hay gente que dice «hay que hacer algo con Clitemnestra y Egisto, tendremos que llegar a un acuerdo».

Pero Clitemnestra y Egisto mataron a mi padre.

Y su cuerpo, torturado, ha sido retenido para que no pudiéramos darle sepultura. Han abusado incluso de su cuerpo después de muerto. Estos hechos han demostrado que Clitemnestra es capaz de todo. Y que no se puede negociar con ella.

Veo lo escandalizados que estáis, muchos creen que no se puede derrotar a Clitemnestra en su alianza con Egisto. Y desesperados me preguntan: «¿Cómo puedo ayudarte?». Pienso en lo que diría mi padre, Agamenón.

Agamenón era leal a los suyos. Trabajaba por el bien de su pueblo.

Imaginen que quieren dirigirse al pueblo, hablar con ellos para expresar una preocupación, unas ideas y no pueden. Imagínenlo. Que ningún medio pueda darles una entrevista y ayudarles a llevar su mensaje, que sus canales personales hayan sido bloqueados, imagínenlo. Que no puedan, por ninguna vía, encontrar la manera de llevar su mensaje a otros. Y que, cuando se reúnan con personas, las personas que los escuchan terminen siendo arrestadas y castigadas.

¡Bienvenidos a la Argos de Clitemnestra!

Agamenón consiguió traernos la victoria, devolvernos la dignidad, hizo los mayores sacrificios para inspirar al pueblo. ¿Y sabéis cómo lo hizo? ¡Mediante la fantasía!

Imaginó un pueblo libre y en paz y no permitió que el dolor, la dificultad, ni siquiera el instinto de preservar su propio cuerpo lo detuvieran. Su imaginación le dio la victoria e hizo entrar en pánico a los usurpadores; y lo hizo siempre divirtiéndose; así era él.

Esa es la cuestión, para derrotar a Clitemnestra debemos dejar de ser aburridos.

No sirve enviar peticiones o establecer sanciones, no puedes derrotarla pensando que es una persona de principios, con moral.

No estamos dirigiéndonos a una dirigente, sino a un monstruo, Clitemnestra es la líder de una banda de crimen organizado, es bueno repetirlo, Clitemnestra es líder de una banda de delincuentes organizada, que incluye degolladores y asesinos.

El más importante es Egisto, el más cercano; lo que debemos hacer es luchar contra esa banda organizada, debemos hablar de delincuencia, no de política.

¿Quién sostiene a Clitemnestra en el poder? Es importante atacar a los que la ayudan. Hay millones de personas contra Clitemnestra, no debemos perseguirles, sino trabajar con ellos.

Clitemnestra debe responder por lo que ha hecho a un país que debería estar celebrando la paz. Y debe responder por lo que le hizo a Agamenón. Mi padre nunca verá su patria, libre ya de guerra, por la que tanto luchó. Pero nosotros sí debemos verla.

Haré todo lo que pueda para hacerlo realidad...

El cuerpo llega.

El cuerpo, disculpen, me informan de que el cuerpo ya está aquí.

3

Funeral de Agamenón, rito y acto político.

DELEGADO 1: Disculpen, es aquí donde tenemos que dejar el cuerpo, mis condolencias. ¡Las coronas! ¡Vamos! Disculpen.

DELEGADO 2: Aquí están las coronas. ¿Dónde prefiere que las dejemos?

DELEGADO 1: ¡Vaya pregunta! Ponlas junto al altar.

DELEGADO 2: Mis condolencias, señora.

ELECTRA: ¿Quién ha mandado estas coronas?

DELEGADO 2: Las coronas vienen del palacio de Argos, señora, de sus jardines han salido las flores.

DELEGADO 1: Clitemnestra manda entregar el cuerpo de Agamenón y las coronas en señal de respeto.

DELEGADO 2: Se prepararon en palacio por la noche. Vaya noche terrible, estábamos dormidos cuando se escuchó el grito de terror y cólera en la habitación de Clitemnestra. Inmediatamente salí a ver qué pasaba, y la vi, con los cabellos erizados, pidiendo que se encendieran las luces y ordenando preparar el cuerpo. A esa hora salimos a cortar flores al jardín mientras ella se paseaba, no duerme, la reina no duerme.

DELEGADO 1: Adiós.

DELEGADO 2: Fue una noche terrible…

DELEGADO 1: Voy a tener que soldarte la boca o arrancarte la lengua.

DELEGADO 2: Yo solo digo que las coronas se prepararon anoche. Y que nos han enviado con el cuerpo.

DELEGADO 1: ¿Para qué tantos detalles?

DELEGADO 2: Los cuerpos reclaman sepultura, era lo que intentaba decir.

DELEGADO 1: Clitemnestra ha mandado el cuerpo, que era lo que se reclamaba. Pues bien, el cuerpo ya está aquí. Completo. ¿Qué importa que la reina anoche no pudiera dormir espantada por las pesadillas? No le importa a nadie. Traemos el cuerpo completo. Después de desmembrarlo, nos hizo volver a juntar sus partes. Hemos cosido la cabeza para embalsamarlo, también pidió que lo vistiéramos con sus condecoraciones.

DELEGADO 2: Agamenón era un rayo en el combate. La justicia también cae como un golpe sobre la cabeza, descarga los males que se han ido acumulando.

DELEGADO 1: Vámonos.

ELECTRA: ¡No dejes aquí esas coronas!

DELEGADO 2: Tenemos que dejarlas. Nosotros no podemos no entregarlas, tenemos que entregar el cuerpo y las coronas, como se nos ha ordenado. El que no tiene una hija tiene una esposa o una madre. Han terminado con Agamenón; qué quedará para nosotros que no somos reyes.

DELEGADO 1: El cuerpo pide ser sepultado. Los culpables del crimen piden olvido. No se puede hacer nada. Ningún poder puede devolver la vida, no hay río que purifique las manos manchadas de sangre. ¿Qué podemos hacer nosotros? Nada. Agachar la cabeza, de qué sirve dejar salir las lágrimas.

ELECTRA: Me confunden tus palabras. ¿Qué tengo que hacer?

DELEGADO 2: Reunir a los amigos y pedirles ayuda.

ELECTRA: ¿Qué amigos?

DELEGADO 2: Los que odian a Egisto.

ELECTRA: ¿Tú eres amigo?

DELEGADO 2: No creo que pueda decirse algo así.

ELECTRA: ¿Y quién más?

DELEGADO 2: Orestes.

DELEGADO 1: Vamos, vamos ya. ¿Hace falta que te recuerde cómo fue degollado Agamenón? ¿Quieres acompañarle?

DELEGADO 2: No he dicho nada que no se sepa. Cuando el poder es criminal, alguien tiene que ir más allá del odio. ¿Quién no tiene amigos?

ELECTRA: ¿Qué es ir más allá?

DELEGADO 1: Vamos.

ELECTRA: ¿Justicia o venganza? ¿De qué más allá hablas?

DELEGADO 2: La justicia no es posible ¿Cómo vamos a protegernos? Alguien tiene que actuar.

ELECTRA: No sé si eres amigo. Déjame enterrar a mi padre. Déjame aquí con su cuerpo.

4

Comienzan los rezos sin que haya tiempo de llorar.

OFICIANTE: Lágrima, sal. Sal, mortal gemido. Abandona mi cuerpo y baña el cuerpo bondadoso. Perfora el cielo y despierta a quienes nos miran. Lleva el clamor de las tinieblas de mi alma. Rompe el silencio de Dios. Abre todas las puertas del cielo e inunda los sagrados oídos. Que, al ver mi dolor, derrame sobre nosotros su furia, y luego que envíen a un salvador. Un hijo del cielo. Voz arrancada del silencio. Espejo del mal.

Orestes, que ha estado escuchando, hace una dolorosa ofrenda a su padre, su cabello.

ELECTRA: ¿Quién eres?

ORESTES: Un fantasma, no sé…

ELECTRA: Ese pelo… nos conocemos, extranjero.

ORESTES: ¡No soy extranjero!

ELECTRA: Eres… no puedes ser.

ORESTES: ¡No importa quién sea!

ELECTRA: ¿Orestes?

ORESTES: Ni soy Orestes, ni este de aquí es mi padre, porque nada de esto es cierto… ¡Electra, hermana! ¿Por qué todo este engaño? ¿Qué haces lejos de casa? ¿Quiénes son estos?

ELECTRA: Ha vuelto la esperanza.

ORESTES: ¿Por qué esta farsa? ¿Qué esperas de mí? Soy alimento de los sueños y las mentiras.

ELECTRA: Lo que no quieres creer, ella lo ha reconocido. Un cuerpo muerto no miente. Se descompone, Orestes, acércate.

Orestes se acerca al padre.

ORESTES: Aquí estabas. El águila ha muerto asfixiado por la víbora. Sus polluelos se arrastran confundidos. Padre, qué debo hacer, a quién debo creer. Si se seca la raíz de la verdad, no esperéis que haya frutos.

OFICIANTE: La justicia reclama su deuda, grita con voz fuerte.

ORESTES: Padre, que mi memoria esculpa tus dos ojos, que lo haga en la proporción perfecta, uno al lado del otro, no demasiado alejados, pero que tampoco se confundan, tus dos ojos exactos, padre, para que, desde el recuerdo, puedas mirarme.

OFICIANTE: Se quemará en el fuego su cuerpo, pero nada podrá aniquilar al muerto.

HOMBRE: ¡No olvides cómo fue! Orestes, tu padre gritó, tu padre suplicaba clemencia.

Orestes: Ojalá hubieras muerto de otro modo, en la guerra o luchando contra el mar.

Electra: No, que no hubieras muerto en la guerra, ni en ningún mar, que tus matadores hubieran muerto antes que tú.

Hombre: Después de la muerte, llega la rabia. Las manos manchadas de los perpetradores encienden el odio en el corazón de sus hijos.

Orestes: ¡Dios! ¿Cómo vas a hacer justicia?

Oficiante: El dolor nos cubre el alma de horrenda negrura, cuando el valor y la confianza volvían a renacer, cuando esperábamos un día feliz.

Orestes: ¿Qué debemos hacer?

Electra: Ella se atrevió con resolución. Mutiló su cuerpo. ¿Lo has visto? Esta es su obra macabra.

Orestes: Madre… ¿Qué has hecho?

Electra: Lo que sucedió ya lo sabes, lo que debe suceder pregúntaselo a tu odio.

Orestes: Te han negado morir como muere un rey, hazme dueño y señor de tu palacio, guíame hasta el baño en el que te degollaron.

Electra: Muéstrale la red en la que te envolvieron.

Oficiante: No te envolvieron con hilos de cobre.

Electra: Una red de pescador, esa fue tu mortaja.

Orestes: Padre, ¿no piensas despertar oyendo todo esto? Entonces ayúdanos desde donde estés.

Electra: Levantad el ataúd, sujetadlo con brazo firme y ofrecedlo al cielo.

Orestes: Padre, ¿qué tiempo es este? Gobierna la mentira, tus hijos han sido desterrados, y tú, castigado tras cumplir con tu deber. ¿Dónde ha nacido este tiempo? Hay que matarlo. La tiranía del engaño no puede sobrevivir.

Me prometiste subir a la nave, iba a llenarme los bolsillos de conchas para arrojarlas con fuerza al océano, pero no volviste, después escuché hablar de tu crueldad. Reías y mostrabas cuerpos de troyanos como trofeos, te exigían crueldad y respeto, pero el respeto no sabe matar. Y tu deber era matar a los usurpadores. Te esperé, pero mientras defendías la casa de Menelao un lobo entró en la tuya.

ELECTRA: (*Descubre a los Delegados.*) ¿Seguís aquí?

DELEGADO 1: Se nos ordenó vigilar, no podemos hacer otra cosa. Se nos ordenó evitar que se cumpla el terrible sueño de Clitemnestra.

ELECTRA: ¡Largaos!

ORESTES: ¿Qué sueño?

DELEGADO 2: Sueña que da a luz a un dragón, lo envuelve como a un bebé en pañales, cuando el recién nacido siente hambre, ella le ofrece su seno. Entonces el monstruo le hiere el pecho del que sale leche y sangre.

ORESTES: Eres tú, padre; te diviertes atormentándola con pesadillas.

DELEGADO 1: Cada noche grita despavorida.

ORESTES: Yo seré el que cumpla el sueño, ese será mi destino.

5

Orestes con los Delegados.

DELEGADO 1: Aunque nos mates, no hablaremos.

ORESTES: Ya habéis hablado.

DELEGADO 2: ¿Qué hemos dicho que no se supiera? Hemos venido a entregar las coronas.

DELEGADO 1: El cuerpo.

DELEGADO 2: Estando vivos podemos servirte.

ORESTES: ¿La reina y Egisto planean matarnos?

DELEGADO 1: Si no volvéis a pisar Argos, podréis vivir tranquilos. ¿Por qué pelear por esa tierra?

DELEGADO 2: Una tierra que no da más frutos que otra, ni más hijos.

DELEGADO 1: El pueblo no se levantará.

DELEGADO 2: El pueblo prefiere la paz.

ORESTES: Falsa paz que vive de mentiras.

DELEGADO 2: La mentira no hiere como la bala.

DELEGADO 1: El mundo se abre ante vosotros, cualquier ciudad os acogerá.

DELEGADO 2: Cualquiera menos Argos.

DELEGADO 1: Y qué es Argos. Un derrame de personas y de casas. Cantos, banderas, frases dichas por unos y por otros. Lo mismo encontrarás en otras tierras.

ORESTES: Frases que nadie pronuncia como en Argos y que son mi casa.

DELEGADO 1: ¿Una frase es una casa?

ORESTES: Cada frase que dos comparten es un hogar.

DELEGADO 1: ¿Y el silencio?

ORESTES: Es el hogar de todos. Pero el silencio solo es silencio cuando lo eliges. Cuando no, es un grito pálido que nos ahoga.

DELEGADO 1: Vete lejos, en la cálida Fócida tienes amigos, vete y llévate a tu hermana.

DELEGADO 2: Cuanto más lejos mejor, el mundo es vuestro.

ORESTES: No nos marcharemos, no nos marcharemos, no nos marcharemos. Argos es nuestra patria, el hogar de nuestros padres y abuelos y si alguien tiene que marcharse son los usurpadores ocupantes.

6

Orestes y Pílades se disfrazan y llegan al palacio.

ORESTES: ¡Viva el rey!
EGISTO: ¿Qué hacéis aquí?
ORESTES: Venimos de Fócida a saludar al rey.
EGISTO: ¿Hace cuánto no te duchas, amigo?
ORESTES: Venimos desde Fócida, llevamos días viajando, traemos regalos y música para el rey.
EGISTO: Pues empieza a cantar.
ORESTES: ¿El rey viene?
EGISTO: Ya está aquí.

Orestes hace una reverencia a Egisto.

ORESTES: Mis disculpas, grandísimo y valiente Agamenón.
EGISTO: No sé si estás loco o me tomas el pelo.
PÍLADES: Amigo.
ORESTES: Friend.

Se dan la mano.

EGISTO: ¿Cómo está Fócida? ¿Habéis conocido a Orestes?
ORESTES: ¡No lo menciones!
PÍLADES: Lo hemos visto poco.
ORESTES: Lo suficiente.
EGISTO: ¿Y cómo está?
ORESTES: No he conocido peor persona.
PÍLADES: Últimamente bebe un poco.
ORESTES: Está consumido por el vicio.

PÍLADES: Ha relajado las costumbres.

ORESTES: Es un despojo.

EGISTO: La libertad es un don peligroso. Gracias por la confidencia, pasad, esta es vuestra casa, aquí podréis descansar y ducharos. Luego os daré un recado para Orestes. ¿Cuándo tenéis pensado volver?

ORESTES: En cuanto entreguemos estos regalos.

EGISTO: ¡Qué agotadoras son las costumbres fócidas! Quedaos esta noche, habéis cruzado un desierto para venir a saludar al nuevo rey.

ORESTES: Al rey, no sabíamos que era nuevo.

EGISTO: Ordenaré que os instruyan, así podréis llevar la verdad y evitar que un pueblo amigo se contamine con mentiras.

ORESTES: Qué honor poder llevar la verdad a nuestro pueblo, nada puede alegrarme más.

EGISTO: Me caes bien, amigo.

ORESTES: Tú también me caes bien.

EGISTO: En otra vida podríamos haber sido los mejores amigos, quién dice que no.

ORESTES: Nadie dice que haya otra vida.

EGISTO: ¡Esperemos que así sea!

ORESTES: ¿Para qué? ¿No has tenido suficiente con el dolor de esta?

EGISTO: ¿Qué sabes tú del dolor?

ORESTES: Sé lo que se puede saber, tienes razón, podríamos haber sido los mejores amigos.

Orestes saca un cuchillo y mata a Egisto.

7

ORESTES: ¿Sabes qué hora es?

CLITEMNESTRA: Creo que son más de las seis.

ORESTES: Hola madre.

CLITEMNESTRA: ¿Qué has dicho?

ORESTES: He preguntado la hora.

CLITEMNESTRA: A las seis, cada día, aparece en esta habitación una sombra, la de la hija que perdí, deben de ser las seis y diez...

ORESTES: ¿Cómo sabes que esa sombra es la de tu hija?

CLITEMNESTRA: ¿Quién si no vendría a verme cada tarde?

ORESTES: ¿Quién podría ser, madre?

CLITEMNESTRA: Vuelves a llamarme madre... Tú no eres mi hijo.

ORESTES: No soy tu hijo, sino el hijo de tu esposo asesinado.

CLITEMNESTRA: ¿Eres Orestes? ¿Por qué todo este engaño?

ORESTES: Tuve que disfrazarme de extranjero para volver a casa. Has dicho que son más de las seis...

CLITEMNESTRA: Demuestra que eres Orestes, no te creo, voy a llamar...

ORESTES: No levantes la voz, puede que esta sea nuestra última charla.

CLITEMNESTRA: ¿Vienes a matarme? ¿Has tramado este engaño para acabar con tu madre? No lo hagas...

ORESTES: ¿Me das ese consejo?

CLITEMNESTRA: Tienes derecho a odiarme, pero una madre debe advertir a sus hijos, debe contarles lo poco que sabe, lo poco que ha visto. El odio no termina, cuando yo muera estaré más viva aún.

ORESTES: Di cuál es tu última voluntad...

Clitemnestra: Eres mejor de lo que nunca pude soñar, cada noche me despertaba la terrible imagen de un reptil entre mis brazos, un horrible monstruo lleno de escamas que me mordía el pecho; ahora que puedo ver tu rostro, no tengo miedo… ¿Puedes perdonarme?

Es el momento de la muerte. Por fin vendrá el silencio. Y en el silencio palpitará mi amor… ¡nadie tendrá que escucharlo! Desde que acabé con él, su aliento me persigue como te perseguirá el mío cuando haya muerto. Podrías ser libre de nosotros. Es lo que una condenada a muerte te puede decir, puedes ser otro, no parecerte a nosotros.

Orestes: Tus muertos me buscan. Si me quedo quieto me empujan. Los vivos también me reclaman. Tú has puesto este cuchillo en mis manos. Si intento soltarlo, el hierro vuelve y me golpea con furia, podrías habértelo clavado antes de heredarnos tu crimen.

Clitemnestra: ¿Qué esperas que ocurra cuando esté muerta?

Orestes: Silencio, no volver a escuchar ninguna voz.

Clitemnestra: Te cantaba esta canción de cuna mientras te daba el pecho, ¿la recuerdas?

Clitemnestra le muestra el pecho a su hijo y le canta.

Criar a un hijo es cultivar un campo, no puede abandonarse a su suerte. Una madre no puede enseñar lo que no ha comprendido, yo no podía enseñarte la guerra, si por mí fuera la guerra no existiría, si por mí fuera te habría escondido debajo de la cama para evitar que te llevaran los soldados, te habría puesto un vestido, trenzas y habría dicho que Orestes había muerto y que Dios me había enviado una niña en su lugar y esa niña serías tú. Tu padre se marchó con Menelao, yo no podía enseñarte aquello en lo que no creo, te puse en manos amigas, para que un día pudieras gobernar.

ORESTES: Pílades, ¿dónde estás? No me veo capaz …

Pílades, que escuchaba escondido, sale.

PÍLADES: No eres tú quien la mata.

ORESTES: Antes de irme me dijiste: «Cuando llegues sé tú mismo y olvídate de nosotros, olvídate de la tristeza y también de la guerra». ¿Lo recuerdas? Olvidé. Amé rostros desconocidos y los convertí en familia, bailé en las noches de Fócida hasta perder el sentido, recé en sus templos, pero hasta aquel sencillo lugar llegaron tus crímenes.

CLITEMNESTRA: Hay que defender el amor muriendo si hace falta. ¿Qué amor defiendes tú, hijo?

ORESTES: Es tu odio lo único que has defendido.

CLITEMNESTRA: ¿Y Egisto?

ORESTES: Pronto estarás con él.

CLITEMNESTRA: No tengas miedo y hazlo rápido, sé buen verdugo. Y perdóname, esa es mi única voluntad.

ORESTES: ¿A quién debo obedecer?

PÍLADES: A la justicia. Has jurado en la tumba de tu padre.

CLITEMNESTRA: El Destino es el autor del crimen de tu padre.

ORESTES: El Destino también dispone tu muerte. Mis manos son esclavas de este cuchillo.

Mata a Clitemnestra.

8

El fuego purificador.

ELECTRA: Fuego, corazón del cosmos, resplandor que danza en lo oscuro, guíanos. De tu chispa nacen los astros y las almas y en tu fulgor se consumen las sombras.

ORESTES: No recordaba el jardín.

ELECTRA: ¿Estás preparado?

ORESTES: No recordaba que hubiéramos crecido rodeados de cipreses.

ELECTRA: Estaban antes que nosotros, tal vez ellos nos recuerden.

ORESTES: Nuestra casa.

ELECTRA: ¿Acaso no es culpable también? Si no acabamos con ella, serán sus paredes las que nos lapiden. Aquí juega nuestra infancia: el resplandor del bronce en el resonante palacio. Y el del oro, el electro, la plata y el marfil. La nueva vida quizá sea esto, un incendio. Por fin descansará mi padre. Y mi madre, tranquila, dormirá junto a Ifigenia. ¿Qué te ocurre, Orestes? ¿Qué estás viendo, hermano? ¿A quién miras si estamos solos?

ORESTES: Nuestra madre.

ELECTRA: ¿Qué?

ORESTES: Su sangre me persigue. Las hermanas de la noche. ¡Dejadme, dejadme!

ELECTRA: Orestes… ¿Dónde vas?

Parte iii

Ser Euménide

Periodista: Tú sabes que tienes el poder, ¿no?

Juez: ¿Qué poder? Hago un trabajo que me ha sido encomendado.

Periodista: ¿Eres consciente de tu poder? Ahora no estás aquí como juez, has venido a responder nuestras preguntas.

Juez: Mi poder es simbólico y, en ese sentido, necesario.

Periodista: Has hablado muchas veces de que la justicia nos hace humanos, nos hace perseguir la verdad y comprender la dignidad de cualquier rostro. Hablemos de la horrible masacre que perpetró Orestes, cuando Egisto y Clitemnestra fueron asesinados. Quemaron el palacio con personas dentro, trabajadores inocentes ardieron vivos.

Juez: Eso no ocurrió, no hubo personas quemadas.

Periodista: Sí, claro que ocurrió.

Juez: Los empleados fueron avisados y evacuados, solo se hallaron los cuerpos de Egisto y Clitemnestra, eso está confirmado incluso por los Delegados de Clitemnestra. Pero estamos de acuerdo en algo, se perpetró un crimen horrible. Clitemnestra fue asesinada en su casa y Egisto fue asesinado también.

Periodista: Fueron torturados, masacrados, quemados.

Juez: No hay ninguna evidencia de tortura. ¿Qué es lo que quieres preguntarme?

PERIODISTA: ¿Cómo puede haber justicia para esa persona?

JUEZ: ¿Qué persona?

PERIODISTA: Para el animal que fue capaz de hacer eso, Orestes.

JUEZ: El animal. ¿Cómo puede haber justicia para el animal que hizo eso? Déjame que hable de ese animal. Conocí a Orestes con ocho años, a esa edad ya había sido condenado al exilio por su madre. Diez años más tarde regresa, no para ver a su padre que volvía de la guerra, sino para consolar a una hermana exiliada y enterrar a un padre asesinado.

Es difícil juzgar cuando las emociones nos lo impiden. Y este hecho nos emociona a todos, sin importar de qué lado estés, es nuestra historia, es tan doloroso que nos cuesta escuchar la razón, las emociones son abrumadoras. Los hechos son devastadores.

PERIODISTA: No se trata de emociones, intento ser racional. Según tu relato, ¿qué es lo que le ha ocurrido a Clitemnestra?

JUEZ: Lo que ha ocurrido es un crimen y una tragedia. Un asalto que la justicia debe juzgar. Es comprensible que este hecho nos recuerde el dolor de la guerra, que nos llene de temor y surja la idea de venganza. Pero debemos mirar al otro lado, del otro lado hay una persona que... no quiero ser quien hable, cito a los Delegados: «Clitemnestra y Egisto pasaron por lo mismo que sufrió Agamenón, sus dos hijos expulsados y humillados han hecho justicia».

La historia no comenzó ese día; no estoy justificando nada, pero, si queremos dar pasos para vivir en paz, debemos entender a la otra parte. Y la otra parte, su experiencia, comenzó cuando Egisto fue desterrado... no quiero volver a esos hechos, pero Egisto, hijo de un padre humillado que tuvo que comer el cuerpo de sus hijos, tramó un crimen y expulsó a Orestes del lugar en el que había nacido para cometerlo. Lo que debemos preguntarnos antes de enfrentarnos a este juicio es... ¿qué ha alimentado este odio, este deseo de venganza por parte de Orestes?

PERIODISTA: ¿Debemos preguntarnos por el odio de Orestes? ¿Es lo que quieres que miremos?

JUEZ: Esto no comenzó el día que Orestes se infiltró en el palacio. ¿Sabías que Orestes había sido declarado enemigo del pueblo? No se le permitía vivir entre los suyos, ni siquiera se le permitía pasearse por su pueblo, corría el riesgo de ser capturado y masacrado por su propia madre, ¿Lo sabías?

PERIODISTA: No tenemos constancia.

JUEZ: ¡Claro que no! Por eso le llamas animal, de otro modo lo verías como a un ser humano, como lo vemos todos. Si quieres vivir en ese lugar en el que se llama a los seres humanos «animales», es tu decisión. Yo no quiero vivir ahí. Yo quiero entender a las personas, qué les pasa, por qué se comportan como se comportan, no estoy justificando. Lo que ha hecho Orestes es injustificable. No me acuses de defenderlo, es falso, yo he dicho que es un crimen, que no debió suceder. ¿No me has oído decirlo? No, seguramente no. ¿Sabes por qué? Porque vives en una burbuja.

PERIODISTA: Yo vivo en una burbuja... No estoy sola en esta burbuja, media humanidad vive aquí conmigo, de modo que es algo más que una burbuja. Quieres aislarme y presentas los hechos bajo ese prisma comprensivo...

JUEZ: Lucho por comprender.

PERIODISTA: Lo que se escucha no es mi voz, sino la voz de los que no se atreven a hablar. Los que no tienen más remedio que hablar desde esta burbuja en la que queréis aislarnos. Te molesta que observemos la justicia.

JUEZ: No me molesta, pero la justicia juzga hechos, no emociones.

PERIODISTA: Tú no hablas de hechos, fabricas historias para justificar los hechos. La explicación del crimen no puede ser la historia. ¿Acaso fue la historia la que movió la mano de Orestes? ¿No fue él mismo quien dejó que su odio juzgara y decidiera?

JUEZ: Y fue un error; yo hablo de comprender las causas.

PERIODISTA: ¿Quién comprende a Clitemnestra? Orestes ha iniciado una nueva guerra, ha empezado por mentir y difamar a Clitemnestra, este micrófono y esta cámara son mis únicas armas para defender la verdad.

JUEZ: Tu verdad.

PERIODISTA: La verdad que nos llega a través de testimonios y documentos. Niegas los hechos y hablas de comprensión y de compasión. Orestes ha sido presentado como un mártir. Y a nosotras, las que defendemos a Clitemnestra, no se nos escucha.

JUEZ: De las fuerzas primordiales de la creación, sol, luna, aurora, el hombre invocó la justicia y el conocimiento. Mi trabajo es juzgar, y el de las personas que declaran en el juicio es decir la verdad.

PERIODISTA: La verdad se mueve. Gira ante nuestros ojos, cambia de forma, se disfraza sin que podamos reconocerla.

JUEZ: Tenemos que elegir, guerra o reconciliación, si soy injusto, es la guerra la que me ha hecho injusto, soy juez, pero también soy un hombre, un hijo condenado a odiar a otros hijos, tenemos que elegir y no hay tiempo.

PERIODISTA: Clitemnestra trajo la paz. Pero tenía enemigos que querían aniquilarla y que ahora quieren premiar a su asesino. Un asesino que no solo quería destruirla a ella, sino arrasar toda nuestra historia. Orestes quiere llevarnos a una edad oscura, de tiranía y terror; no fue su madre quien lo envió lejos, Agamenón ordenó que su hijo fuera educado en la guerra, en un pueblo conocido por la crueldad de sus soldados. Este no es solo el juicio de Orestes, debemos decidir qué queremos entregar a las próximas generaciones, una bendición o una maldición, esto es lo que enfrentamos. La vuelta de Agamenón hizo que corriera el temor a la guerra, Clitemnestra fue valiente y defendió la paz. Pero, cuando estábamos empezando a disfrutar de esa paz, llegó él, cargado de odio, cometió crímenes horribles, torturó a Egisto hasta la muerte y acabó también con la vida de su madre y de la reina Clitemnestra, cortándole la cabeza. Quemó el palacio, con todos sus tesoros dentro…

¡Aquí estamos las que cuidamos el legado de paz de Clitemnestra! Quiero presentarte a una mujer.

Entra la mujer.

Sus hijos fueron asesinados por un soldado de Agamenón, su marido fue asesinado abrazado a sus dos pequeños hijos, su perro fue asesinado y ella fue disparada y violada creyendo que estaba muerta. Creyendo que era un cadáver un soldado de Agamenón la violó, después comió en su cocina y trató de prender fuego a la casa, que por suerte no ardió y ella ha conseguido sobrevivir.

La única que tomó la decisión de frenar para siempre a Agamenón fue Clitemnestra. Orestes nos ha atacado, por esa razón, atacaremos. No hay lugar en donde Orestes pueda esconderse del brazo de nuestra furia. Estamos preparadas y ganaremos.

La línea que separa la bendición y la maldición no puede ser más clara: de un lado está el legado de Clitemnestra, la pacificadora, que comprendió el mal infligido a Troya y fue generosa con ellos. Del otro lado, están los hijos de Agamenón. La maldición. Un arco de terror que alcanzó a Clitemnestra y ha destruido nuestro palacio. Acabó con la hermosa Troya y seguirá afligiendo y destruyendo.

Si no frenamos a Orestes ahora, ¿qué pasará? Impondrá nuevas guerras, impondrá sus agresiones... las personas valientes que quieren eliminar a este agresor deben ponerse en pie ahora...

Deben unirse, detener a Orestes, exigir que caiga la justicia sobre él, solo el odio puede traernos la paz.

¿Cuál es el mapa que conformará nuestro futuro? La bendición de la paz que dejó Clitemnestra o la maldición que Orestes ha traído.

Nosotras hemos decidido ir en busca de la bendición, hombres y mujeres valientes están con nosotros y deben actuar... no nos detengamos. Imagínense permitir que Orestes pueda gobernar; es como permitir que sean los soldados de Agamenón los que vuelvan a reconstruir la Troya que han destrozado, es inconcebible. No ocurrirá.

Yo seré la sombra de Clitemnestra, estaré aquí para que no te olvides de ella.

Un último mensaje para Orestes: has calcinado el cuerpo de Clitemnestra y Egisto, ahora nunca podremos enterrarla, no permitiremos que conviertas nuestro pueblo en un infierno inhumano; no somos eso, no lo permitiremos. Los seres humanos merecen ser recordados, merecen un entierro donde puedan ser velados por sus seres queridos y recordados.

Todo puede acabar ahora, lo único que debe ocurrir es que Orestes sea castigado, si no, lucharemos hasta el final. No hay otra alternativa, lucharemos hasta la victoria.

JUEZ: ¿Quieres que Orestes muera? Detrás vendrá Electra con los Delegados, y después los hombres de Egisto, ¿No crees que es tiempo de frenar este ciclo de sangre? A la justicia solo podemos pedirle poder continuar con la vida… ¿No es lo que deseamos después de todo? Que en las casas ya no se hable de muerte.

PERIODISTA: Buscamos la paz, pero no rindiendo a la justicia. No podemos reconciliarnos con quien desea nuestra aniquilación, no podemos perdonar porque seremos dominados.

Ciudadanos, despertad. ¿Es que nadie va a levantarse? Dejad que os diga por qué estamos aquí: nos ha traído la rabia. ¿De qué ha servido dominarla todo este tiempo? Os lo diré: ha sido inútil.

Quiero mostraros lo que está haciendo este juez con la verdad.

La Periodista tritura un papel.

Y de esta verdad nace nuestra justicia.

Hemos de rasgar el velo de mentiras con uñas afiladas. Dejemos que el rencor corra tranquilo por cada arteria. Sintamos el hielo de la herida. ¿Por qué dicen que es dulce la venganza? ¿Por qué la desprecian?

JUEZ: Serás responsable de alimentar la furia.

CLITEMNESTRA: Tú eres el único responsable por tratar de silenciarnos. La furia nos protege.

El teatro es una asamblea del caos y aparece la diosa Atenea.

ATENEA: Basta. Veinticinco siglos. Es hora de volver. ¿Quién me llama? Aquí estoy. Orestes, me has llamado a un mundo donde los dioses son nombres en piedra. Donde mi imagen es una estatua con la mirada vacía y los labios sellados. Aun así, me has llamado.

ORESTES: Tu voz... ordena el aullido de las Erinias... el estruendo se hace comprensible... Atenea... Soy hijo de Agamenón... Mi padre, con tu ayuda, rindió a la ciudad de Troya, después halló la muerte, no con gloria... mi madre lo mató... Ya no braman... Era esto lo que escondías en tu impecable silencio... El ulular tormentoso de las Erinias convertido en palabras... Fue en un baño. Mi madre y Egisto derramaron la sangre de mi padre. En una bañera. Esa sangre, como un río turbio, viajó hasta Fócida, donde yo vivía desterrado. Cuando la sangre me encontró, me hundí en ella, bebí sus miasmas... y fui a casa y la maté... Desde entonces las hijas de la noche me persiguen. Me han expulsado del tiempo. Corro sin saber si avanzo o retrocedo... Y mi madre, la que antes me cantaba canciones de cuna, invoca a estas furias para que me confundan.

ATENEA: Otra vez lo mismo. El viejo juego. La sangre llamando a la sangre. La culpa enredada en la culpa, los muertos hablando a través de los vivos. Pero no me has llamado para seguir con esto. No vine para sostener un cuchillo y decidir en qué garganta clavarlo. Bajé para decir basta.

ORESTES: No sé si merezco una vida, tú lo sabes. Soy un huérfano, el vengador de mi padre, una venganza que me ha convertido también en el verdugo de mi madre. Decide tú sobre mí, yo acataré tu sentencia.

ATENEA: Escuchad. Lo que fue no nos ata. No me habléis de dioses ofendidos. Ni de espectros que claman justicia. No me habléis de cómo «siempre ha sido así». Antes de mí, el destino era una cadena y la justicia un reflejo del miedo. Antes de mí, las reglas eran simples: quien mata, muere. Quien cobra venganza, es víctima y después verdugo. Pero yo digo otra cosa. A partir de hoy, habrá juicio. No por fe. No por destino. Por decisión. Así que vamos a hacerlo bien. Sin dioses que dicten sentencia. Sin espectros que griten por revancha. Solo los vivos eligiendo qué quieren ser después de esto. Que comience.

Comienza el juicio.

ERINIA: Orestes, mataste a tu madre.

ORESTES: Nunca lo he negado.

ERINIA: Tu propia madre, la que te llevó en su vientre, la que te sostuvo.

ORESTES: La que mató a mi padre.

ERINIA: ¿Así te justificas? ¿Así limpias la sangre? Con más sangre. ¿Y la ley de la hospitalidad? Fuiste huésped. Y mataste.

ORESTES: Fui hijo. Y vengué.

ERINIA: Tu crimen es doble. Mataste a una madre. Cruzaste el umbral. Pisaste su suelo. Dormiste bajo su techo. La intemperie quedó atrás. Y dentro del refugio, mataste.

ORESTES: Ella mató a tres hombres; matando a su esposo, mató también a mi padre y, con él, al capitán de la armada griega. Yo fui su huésped, él era su rey. Yo dormí bajo su techo, ella lo ahogó en su propia sangre, en el baño, donde el agua debía purificar y el cuerpo debía descansar. Yo ensucié su casa con su sangre, ella bañó el palacio entero con la sangre de su rey. ¿Quién quebró antes la ley?

ERINIA: Los hombres hacen la guerra, las mujeres sangran en casa, así ha sido siempre. No vengaste a un rey, ni a un capitán. Vengaste a un padre. Y mataste a una madre. Queremos justicia.

ORESTES: Apolo, háblales.

Aparece Apolo.

APOLO: Orestes limpió el crimen, no lo creó.

ERINIA: ¡Miente! Protege al asesino porque no sabe lo que es morir.

APOLO: Hizo justicia.

ERINIA: ¿La justicia olvida que fue huésped y excusa la traición? ¿Qué ley permite que la misma mano que recibe clave el cuchillo?

APOLO: La ley de los padres.

ERINIA: La madre es más que el padre. Lo llevó en su vientre. Lo alimentó de su sangre. Vergüenza. Lo dio a la luz.

ORESTES: No.

APOLO: No. Tu madre no era tu origen, era tu tránsito.

ERINIA: ¡Vergüenza!

APOLO: El que engendra es el varón. La mujer no es más que el campo, la semilla es del padre.

ERINIA: ¡Dices que su madre no es su madre!

APOLO: Digo que el padre es el único origen. Digo que la madre sostiene, pero no crea. Digo que el vientre es la tierra y la semilla es la que da el fruto.

ERINIA: Si esto es cierto, ¿qué será de las madres? ¿De los hijos? ¿De la casa? Si esto es cierto, ¿quién velará por el niño en la cuna? ¿Quién llorará por el hijo muerto? ¿Quién protegerá lo que aún no ha nacido? Si esto es cierto, ya no hay madre. Solo hijos del padre. Solo cuerpos prestados. Solo vientres sin nombre.

APOLO: Si esto es cierto, hay orden. El linaje ya no es un nudo. El hijo ya no es posesión de la madre. La herencia ya no se diluye en el vientre. Si esto es cierto, los hijos heredan el nombre y la casa del padre y el poder del padre, entonces la sangre del padre es la que manda.

ORESTES: El vientre no engendra, solo guarda.

Atenea: Así que esto era lo que venía después. No espadas. No destierros. No dioses inclinando la balanza en la oscuridad. Palabras. Decisión. Una forma de hacer las cosas sin que la sangre se apile con la sangre. El juicio. Ya está aquí y sigue su curso. El ciclo se rompe. Se acaba la justicia del grito. Se acaba la ley de la turba. Se acaba la venganza disfrazada de verdad. Desde ahora, juzgar es un deber. No de uno. No del más fuerte. No del que grita más alto, sino de quienes acepten la carga. De quienes se atrevan a escuchar antes de condenar. De quienes comprendan que decidir el destino del otro es una herida que no se cierra. Atenas sostendrá este juicio, pero no lo hará sola. Que los que puedan cargar con esto voten. Que se levanten. Que miren a los ojos del acusado. Que se comprometan, bajo juramento, a defender lo que ha nacido hoy.

No será perfecto. No será limpio. No será infalible. Pero será mejor. Y con eso basta.

Votaciones en el teatro.

Atenea: Un empate. Yo no tuve madre. Zeus me llevó dentro. Zeus me dio la luz. Zeus fue suficiente. Mi voto es por el varón. No porque lo merezca o porque el crimen se borre, sino porque, cuando no sé qué hacer, el silencio pesa y elijo el nombre de mi padre.

Orestes: ¿Qué tiempo es este? ¿Cuándo comenzó esta historia? ¿El día que mi madre y Egisto mataron a mi padre? Entonces es la historia de Clitemnestra. ¿O el día que vengué a mi padre? En ese caso es la historia de Agamenón. Mi historia comienza el día que escuché la voz de Atenea. El silencio de mi madre ha engullido el tiempo de júbilo, pero en esa voz está su canción de cuna, el grito de Electra y la risa de Ifigenia, juntas. ¿Qué tiempo es este? Si es el tiempo en el que Troya ha caído, es un tiempo de venganza; si es el tiempo en el que los desterrados regresamos a casa, es un tiempo de perdón. La pregunta surgirá siempre. ¿Qué hacemos con este odio? ¿Cuál es su tiempo? ¿Dónde se termina?

Volvemos a la Periodista y el Juez.

PERIODISTA: Dejas libre a Orestes. ¿Crees que es lo justo?

JUEZ: Lo que no es justo es que la ciudad padezca una nueva guerra.

PERIODISTA: El precio de la paz es que una parte de la humanidad, dominada por otra, siga mordiendo su rencor y esperando el momento de levantarse.

JUEZ: La justicia es un acuerdo para restablecer el orden.

PERIODISTA: La justicia es un brazo para proteger al poder. No podemos quedarnos en paz, no podemos.

JUEZ: ¿Qué quieres?

PERIODISTA: ¿Qué?

JUEZ: No sigas adelante.

PERIODISTA: No te entiendo.

JUEZ: Pactemos.

PERIODISTA: ¿Tú y yo?

JUEZ: Tienes razón, tu causa es justa. Te ofrezco un pacto.

PERIODISTA: ¿Quieres que esto se sepa? ¿Me estás…?

JUEZ: Ofreciendo un pacto, sí. Pongo mi cabeza en tus manos. Piensa qué quieres hacer. Ese clamar aullando día y noche te matará antes que el enemigo; mírate, cuántos años podrás soportarlo. ¿No estás cansada?

PERIODISTA: ¡No me jodas!

JUEZ: He visto dónde vives. ¿Es el precio que hay que pagar por defender una justicia que nunca será como la imaginas?

Periodista: No voy a renunciar a esta lucha, pero habla claro, qué me ofreces.

Juez: Proteger la verdad. Hacer el bien. Dejar de buscar por las calles e informar directamente de lo que escuchas y ves con tus propios ojos.

Periodista: ¿Quieres comprar la información?

Juez: Sin verdad no es posible la justicia.

Periodista: ¿Te crees dueño de la verdad?

Juez: Te ofrezco informar al pueblo, estamos cerca de una transición pacífica, tú podrás contarla.

Periodista: Imagina que yo, digo yo, pero podría decir cualquier persona, no se trata de mí, hablo de un «yo» cualquiera. Ese «yo» cualquiera llega hasta aquí, al templo de la justicia, no está Atenea, estás tú, como juez; no hace falta que venga Atenea, porque ya sabemos que eres tú quien tiene el poder, no es un trabajo, un trabajo es fregar platos o conducir un autobús. Decidir si una persona es culpable nunca es solo un trabajo.

He tratado de entender este juicio, no entenderlo, quiero decir, he tratado de juzgarlo. Cualquier persona puede querer juzgar los juicios del pasado ¿No te parece? Ocurre todos los días. Sea como sea, esa persona, yo o una persona del futuro, se encontrará con el «Caso Orestes». Y ese es el asunto. El problema no es la absolución, el problema es que todos deseamos, vivimos por aquello del sentido. Me agobia decir «sentido», porque parece que hablo de un asunto importante, y es todo verdaderamente de andar por casa.

He nacido humilde, me he esforzado y espero prosperar, lo habitual, un piso con una tele, me refiero, no pretendo nada más. El «todo es posible» ha llegado para que muchos quieran morirse pronto, así es fácil reclutar personas para una guerra…

¿no crees? Ese «todo» es una palabra peligrosa. En ese «todo», créeme, no caben nuestras historias.

Piensa en el mar; por mucha inmensidad, profundidad y misterio que se le atribuya, siempre se está hablando de ese misterio y no voy a discutirlo, pero el mar nunca ha aparecido en Lesoto o el Vaticano, las aguas tienen su curso, lo natural.

En el «Caso Orestes» ha muerto el padre a manos de su esposa y la madre a manos del hijo, todos lo hemos visto así. Llevo tiempo dando vueltas alrededor de este crimen, desde que supe que existía. Y el problema es el mismo.

No quiero volver a la guerra, no me mires como diciendo «¡Quieres la guerra!», no es cierto. Yo también he escuchado las cenizas aullar por las noches. Yo también creo que es mejor que Orestes se vaya de rositas y vivir en paz, seguro que no hay nada mejor. No te enfades conmigo, puedes creerme, preferiría cortarme los dedos de las manos antes que volver a ver una guerra.

¡No es la madre la que engendra al hijo! Dice Apolo. Es el padre el que engendra, la madre recibe el germen dentro de su vientre y no es más que la hospedera de su hijo.

Cuando las votaciones declaran el empate, Atenea vota a favor de Orestes diciendo que a ella no la ha concebido una madre y en todo favorece al varón. Metis, la madre de Atenea, fue engullida por Zeus y preparó, dentro de Zeus, la armadura con la que nacería, ya adulta, Atenea. Y llega la justicia. Es así como nos llega. Es lo que todos hemos comprendido.

Me ofreces este trabajo; claro, puedo trabajar para vosotros, informar sobre las decisiones que se toman aquí dentro, entiendo que interesa y que podré expresarme con libertad. Pones este peso en mis hombros. Enfrentarme sería excluirme. ¿Quién soy yo para situarme al margen o por encima? Cada uno debe ubicarse en el lugar que la sociedad le asigne, siempre que sea el lugar justo. Es justo que deje de luchar por mi pan tirando piedras contra las ventanas del poder.

Es justo que pueda formar parte, de algún modo es necesario o inevitable. Pero eso no cambiará el hecho de que nuestra justicia, como demuestra este juicio, se fundamenta en lo irracional…

La justicia no es el triunfo de la razón. La justicia es un mito. Los mitos deben revisarse.

En este mito aparecen dioses nuevos y antiguos, los nuevos no son mejores que los antiguos, no saben hacer la o con un canuto estos dioses nuevos, seamos claros, son dioses convenientes.

Apolo dice que es el padre quien engendra y la madre es solo hospedera de su hijo. Hospedera… ¿te das cuenta? Si aceptamos que la mujer no engendra, que Orestes nace del padre y la madre ha recibido y hospedado a la criatura, la ha alimentado con su cuerpo, el crimen adquiere una nueva dimensión: ¿acaso un huésped no debe lealtad a quien lo acoge?

Es el primer principio de muchos principios griegos: hospitalidad. Esa regla sagrada que une a los dioses y los hombres en un lazo de confianza y respeto. La misma hospitalidad que Atreo debía a Tiestes y que quebrantó con un banquete macabro, desatando una maldición que arrastraría generaciones. La misma que el cíclope Polifemo negó a Ulises y sus hombres, pagando con su ojo y su honra. O la que Paris, príncipe de Troya, traicionó al arrebatar a Helena bajo el techo de Menelao, encendiendo una guerra que no solo arrasó una ciudad, sino que sembró un legado de conflicto. Cada acto de hospitalidad violada, cada traición al huésped o al anfitrión, es como una chispa en una vasta cadena de hogueras. Un fuego que nunca se extingue, que se alimenta a sí mismo a través del tiempo, y cuya llama arde todavía hoy en nuestras guerras, en nuestras disputas, en los mitos que nos contamos para justificar lo que somos.

Estos mitos nos incomodan a todos, cuesta quitárselos de encima, están llenos de verdades incómodas. Pero bueno, ha llegado la paz después de todo. No pienses que yo no quiero la paz, solo espero que me entiendas.

JUEZ: Te entiendo.

Índice

Introducción

[Antonio López Fonseca]

Orestíada

Este texto de Karina Garantivá, basado en la trilogía de Esquilo, fue estrenado el 10 de abril de 2025 en la Sala Juan de la Cruz del Teatro de La Abadía (Madrid), con este equipo artístico:

INTÉRPRETES
Olivia Baglivi
Alberto Fonseca
Gabriel Garbisu
Nicolás Illoro
Marta Poveda
MÚSICA
Bastian Iglesias
ILUMINACIÓN
Samuel Silva
VESTUARIO
José Cobo
PLÁSTICA ESCÉNICA
Fer Muratori
AYUDANTE DE DIRECCIÓN
Pablo Quijano
DIRECCIÓN
Ernesto Caballero